Axel Hering | Gisela Specht

Bildgrammatik Deutsch

Deutsche Grammatik in Bildern erklärt

Hueber Verlag

4. 3. 2. | Die letzen Ziffern
2020 19 18 17 16 | bezeichen Zahl und Jahr des Druckes.
Alle Drucke dieser Auflage können, da unverändert, nebeneinander benutzt werden.
1. Auflage

Umschlaggestaltung: creative partners gmbh, München
Umschlagfoto: © fotolia/Antonioguillem
Zeichnungen: Gisela Specht, Weßling
Layout und Satz: Sieveking · Agentur für Kommunikation, München
Verlagsredaktion und Konzept: Juliane Forßmann, Hueber Verlag, München
Druck und Bindung: Firmengruppe APPL, aprinta druck GmbH, Wemding
ISBN 978-3-19-009741-8

Art. 530_20676_001_02

Inhalt

Liebe Kursleiter, liebe Helfer, liebe Deutschlerner,

die *Bildgrammatik Deutsch* enthält in 40 Kapiteln wichtige Regeln zum Erlernen der deutschen Sprache. Sie eignet sich für den Unterricht von Anfängern ohne oder mit geringen Vorkenntnissen. Um Sie als Unterrichtende im Unterricht gut zu unterstützen, finden Sie in den eingebauten Textpassagen hilfreiche Erklärungen.

Fortgeschrittene Deutschlernende können die *Bildgrammatik* auch für das Selbststudium nutzen.

Sie ist die ideale Ergänzung zum bereits erschienenen *Bildwörterbuch Deutsch*, 978-3-19-007921-6.

Mit der *Bildgrammatik Deutsch* ist die Grammatik der Niveaustufen A1 und A2 komplett abgedeckt – eine Hilfe auch bei der Prüfungsvorbereitung auf das *Goethe-Zertifikat A1* und *A2 / Start Deutsch 1* und *2*.

Manche Themen kommen gemäß der Niveaustufe zwar vor, aber nicht in eigenen Kapiteln, sondern im Zusammenhang mit anderen Themen: So wird z. B. die Konjunktiv-II-Funktion *höfliche Bitte* im Werk durchaus behandelt, aber nicht in einem eigenen Kapitel, sondern bei den Verben *sein – haben – werden* sowie bei den Modalverben.

Bei der Entwicklung dieses Buchs wurden besonders auch die Bedürfnisse beim Unterricht von Lernungewohnten bedacht:

- große und serifenlose Schrift
- bildliche Darstellung der Anwendung von Grammatikregeln
- freundliche, auch für Erwachsene geeignete Zeichnungen
- alltagsbezogene, vom BAMF empfohlene Themen
- einfache Texte für die Beispiele
- häufiger Einsatz von Farben zur Erklärung von grammatischen Fachbegriffen
- klar formulierte Grammatik-Regeln zum Nachlesen für die Kursleiter

Die *Bildgrammatik Deutsch* gewährt Einblicke in den deutschen Alltag einer Familie. Durch das Werk begleitet Sie die Familie Weber mit ihren Verwandten, Freunden und Bekannten. Der hier abgebildete Alltag der Webers ist exemplarisch, aber nicht unbedingt repräsentativ, denn die Lebensformen in unserem Land sind vielfältig.

Herr Weber Frau Weber Stefan Sabine Lisa Max

Nomen (I): das Genus – *der* / *das* / *die*

Der schönste Schultag für Lisa ist der Freitag. Denn dann hat sie Schwimmunterricht.

Das Praktikum von Sabine ist bei Daimler.

„Hier, die Zeitung."

Es gibt Nomen,

- die maskulin (männlich) sind: Nomen mit *der*
- die neutral (sächlich) sind: Nomen mit *das*
- die feminin (weiblich) sind: Nomen mit *die*.

Man nennt diese Unterscheidung das **Genus**: Das Genus von *Tag* ist maskulin, das Genus von *Praktikum* ist neutral, und das Genus von *Zeitung* ist feminin.

Bei vielen Nomen kann man das Genus nicht erkennen. Am besten lernt man jedes Nomen zusammen mit dem richtigen **Artikel** – *der*, *das* oder *die*. Es gibt aber auch Nomen, die bestimmten **Regeln** folgen. Man sollte auch die wichtigsten dieser Regeln lernen:

1. Genus – ‚biologisch'

Der Mann hier ist Herr Weber.

Die Frau ist Frau Weber.

Die Schülerin hier ist Sabine Weber.

Der Schüler neben ihr ist Tom.

Herr Behrends ist der Deutschlehrer von Sabine und Tom.

„Ich bin Marion Müller, die neue Englischlehrerin."

⚠ Unabhängig vom Geschlecht = egal ob männlich oder weiblich:
das Kind – *das Baby* – *die Person*

2. Genus – abhängig von der Endung

Mit Artikel *der*

Nomen auf *-en*

„Wo steht der Wagen, Stefan?"

viele Nomen auf *-er*

„Der Drucker funktioniert nicht!"

⚠ Leider gibt es bei den Nomen auf –*er* viele Ausnahmen:
das Zimmer, die Nummer, …

Aus dem **Verbstamm** kann man häufig Nomen bilden.
Diese Nomen sind maskulin: **anruf**en → *der* Anruf.

„Wer hat **angerufen**?" –
Der Anruf war von deiner Mutter!"

Mit Artikel *das*

-chen

„Das Mädchen
ist meine Schwester Lisa."

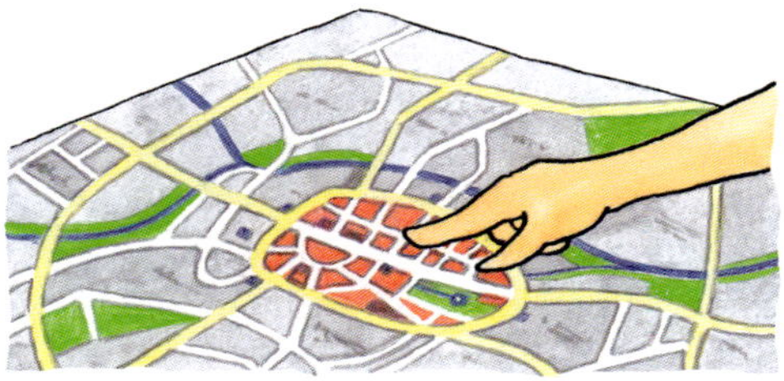

-um

„Das ist das Stadtzentrum."

Aus dem **Infinitiv** kann man Nomen bilden. Diese Nomen sind neutral:
aufstehen → das Aufstehen.

Sabine muss früh **aufstehen**.
Das Aufstehen ist
für sie nicht leicht.

Mit Artikel *die*

-*e*

Das ist die Schulklasse von Lisa.

-*ei*

Die Bäckerei hat zu.

-*heit*

Joggen ist gut für die Gesundheit.

-*ik*

„Mach bitte die Musik leise!“

-*ion*/-*tion*

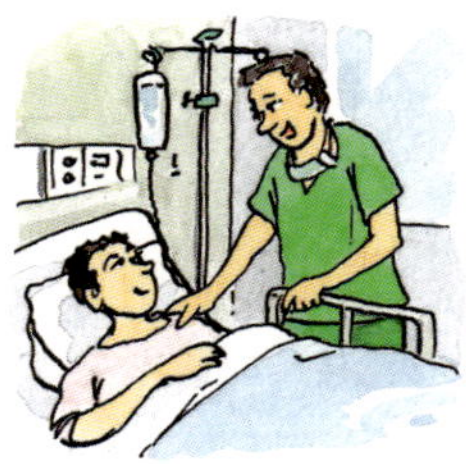

„Die Operation ist vorbei. Wie geht es Ihnen?“

-*keit*

Die maximal erlaubte Geschwindigkeit ist 30 km/h.

-*schaft*

„Die Landschaft ist wunderschön.“

-*ung*

„Vielen Dank für die gute Beratung!“

-*ur*

„Was kostet die Reparatur?“

3. Genus – abhängig von der Bedeutung

Mit Artikel *der*

Tageszeiten

der Morgen / Vormittag / Mittag / Nachmittag / Abend
aber: die Nacht

Wochentage

der Montag / Dienstag / Mittwoch / Donnerstag / Freitag / Samstag / Sonntag

Monate

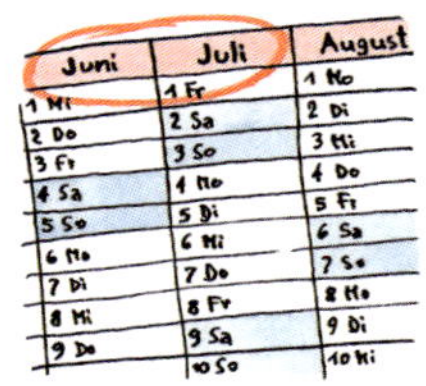

der Januar / Februar / März / April / Mai ...

Jahreszeiten

der Frühling / Sommer / Herbst / Winter

Himmelsrichtungen

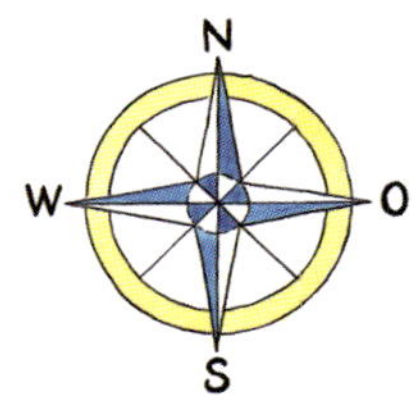

der Norden / Süden / Westen / Osten

alkoholische Getränke

der Wein / Whisky / Sekt / ...
aber: das Bier

Automarken

der Mercedes / VW / Peugeot / Toyota ...

Mit Artikel *das*

Farbnamen

das Rot / Gelb / Blau / …

Mit Artikel *die*

Zahlen

die Eins / Zwei / Drei / …

Singular bedeutet: **nur eine** Person oder Sache (Einzahl).
Plural bedeutet: **mehr als eine** Person oder Sache (Mehrzahl).
Wenn man Nomen im **Plural** verwendet, ändern sich

- der **Artikel**,
- manchmal das **a**, **o** oder **u** im Wortstamm und
- meistens die **Endung** des Nomens.

1. Artikelformen

Der bestimmte Artikel im Plural ist immer die.
Bei unbestimmten Angaben fällt der Artikel weg (-).

der/ein Hund

die /- Hunde

das/ein Kind

die /- Kinder

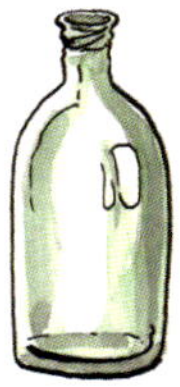
die /eine Flasche

die /- Flaschen

2. Umlaute

Aus einem ***a***, ***o*** oder ***u*** im Wortstamm wird außerdem manchmal ein Umlaut:

der/ein B**a**rt

die /- Bärte

der/ein R**o**ck

die /- Röcke

die /eine K**u**h

die /- Kühe

3. Endungen

Die Pluralbildung ist komplex. Es gibt viele verschiedene Endungen.
Am besten, man lernt mit jedem neuen Nomen den Plural automatisch mit.

	Singular	**Plural**
–e	 der/ein Fisch	 die /- Fische
–se	 die /eine Arbeitserlaubnis	 die /- Arbeitserlaubnisse
¨–e	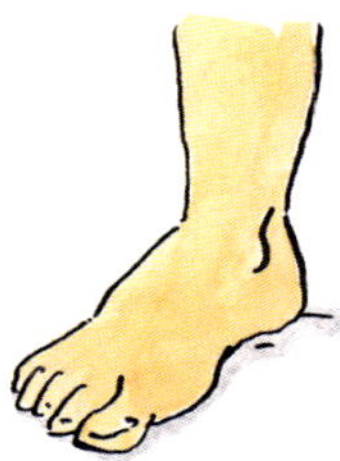 der/ein Fuß	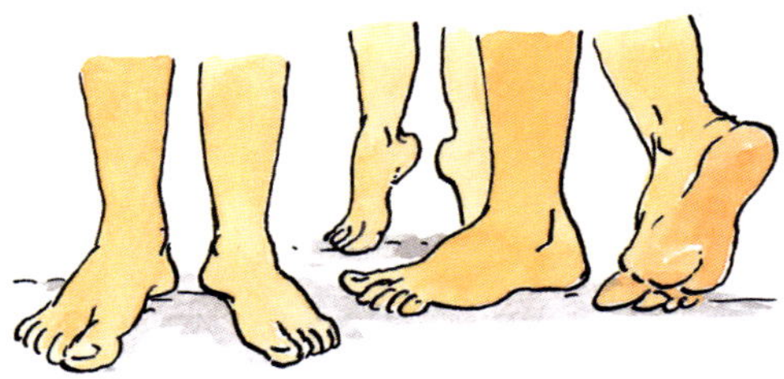 die /- Füße

–(e)n

die /eine Tasche

die /- Taschen

–nen

die /eine Lehrerin

die /- Lehrerinnen

–

der/ein Lehrer

die /- Lehrer

¨

der/ein Vogel

die /- Vögel

–er

das/ein Kind

die/- Kinder

¨er

das/ein Buch

die/- Bücher

–s

das/ein Auto

die/- Autos

1. Kasus – die Funktion von Satzgliedern

Ein Satz besteht aus mehreren Teilen. Diese Teile nennt man *Satzglieder*. Sie können auf verschiedenen Positionen im Satz stehen. Damit die Funktion eines Satzglieds im Satz trotzdem klar ist, hat jedes Nomen mehrere *Kasusformen*:

Nominativ: Subjekt
→ Wer oder was?

Sabine schreibt.

Akkusativ: direktes Objekt
→ Wen oder was?

Sabine schreibt einen Brief.

Dativ: indirektes Objekt
(Adressat: Person oder Sache)
→ Wem oder was?

Sabine schreibt ihrem Freund einen Brief.

Das **Subjekt** ist die Person oder Sache, die etwas tut. Hier ist Sabine das **Subjekt**: **Sie** ist es, die den Brief schreibt. *Direkt* beim Akkusativobjekt beschreibt, worauf sich Sabines Tätigkeit („schreiben") überhaupt bezieht: **den Brief**. *Indirekt* beim Dativ-Objekt heißt: Sabine schreibt nicht **den Freund**, sondern einen Brief. Der Brief ist **für** den Freund. Der Freund ist der **Adressat**.

Nominativ	Verb	Dativ	Akkusativ
Sabine	schreibt	ihrem Freund	einen Brief.

Durch den Kasus weiß man immer, welche Funktion ein Satzglied hat, egal wo es steht:

Ich mache dir gleich einen Kaffee.
Dir mache ich gleich einen Kaffee.
Einen Kaffee mache ich dir gleich.

(☞ Kasus nach Verben und Präpositionen, Seite 22).

Ein Sonderfall ist der vierte Kasus, der **Genitiv**. Er zeigt den Besitzer an:
Zu wem / Wem gehört etwas oder jemand?
Um **wessen** Sache oder Person geht es?

wessen = whose

Genitiv: Besitzer → Wessen?

Das ist Mimi, die Katze der Familie Weber.

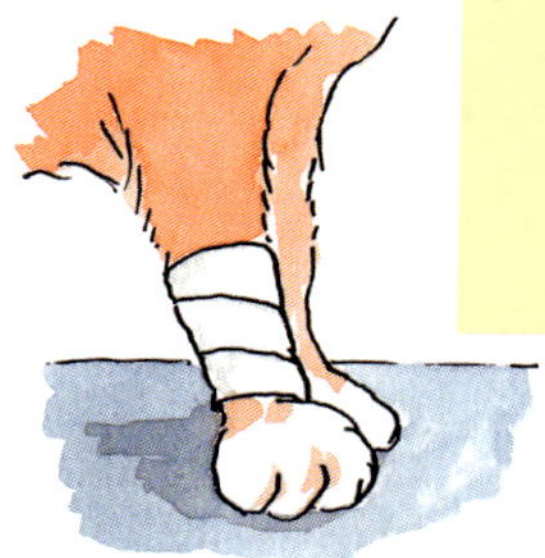

Mimis Bein ist verletzt.

Merke: Man kann den Besitzer auch mit *von* + Dativ anzeigen:
Das ist Mimi, die Katze **von** (der) Familie Weber.
Das Bein **von** Mimi ist verletzt.

2. Formen

Den Kasus erkennt man vor allem an der Endung des Artikelworts. Der Nominativ gilt als der Normalfall. Beim Akkusativ merkt man sich, dass nur die maskuline Form im Singular (den/einen) eine neue Endung hat. Bei der maskulinen und neutralen Form im Genitiv Singular und Dativ Plural hat auch das Nomen eine neue Endung.

Singular	maskulin	neutral	feminin
Nominativ	der/ein Sohn	das/ein Haus	die/eine Katze
Akkusativ	den/einen Sohn	das/ein Haus	die/eine Katze
Dativ	dem/einem Sohn	dem/einem Haus	der/einer Katze
Genitiv	des/eines Sohn(e)s	des/eines Hauses	der/einer Katze

Plural	maskulin	neutral	feminin
Nominativ	die/- Söhne	die/- Häuser	die/- Katzen
Akkusativ	die/- Söhne	die/- Häuser	die/- Katzen
Dativ	den/- Söhnen	den/- Häusern	den/- Katzen
Genitiv	der/- Söhne	der/- Häuser	der/- Katzen

⚠ Männliche Personen und Tiere auf -e: *der Kollege, der Franzose* (und viele andere Nationalitäten), *der Löwe*. Außer in der Grundform ist die Endung immer -en: *den/dem/des/die/den Kollegen*.

(☞ Artikelwörter (I): unbestimmter und bestimmter Artikel, Nullartikel, Seite 27.)

1. Kasus nach Verben

Welche und wie viele Satzglieder es gibt, hängt vor allem vom **Verb** ab.
Das Verb dirigiert den Satz. Das heißt, das Verb bestimmt die Anzahl und den Kasus der Ergänzungen. Bei vielen Verben ist das einfacher, als man denkt.
Als Hilfe hat jeder Kasus eine eigene Farbe bekommen:
Der Nominativ ist blau, der Akkusativ grün und der Dativ gelb-orange.

(☞ Kasus im Satz, Seite 19)

Jedes Verb hat eine Nominativ-Ergänzung.

Es **regnet**. Die Katze **schläft**.

Die meisten Verben haben mehr als nur eine Kasus-Ergänzung. Die Verben *sein*, *werden*, *bleiben* und *heißen* besitzen eine zweite Nominativ-Ergänzung:

Stefan **ist** ein guter Skifahrer.

Max **wird** später mal Pilot.

Herr Knapp **bleibt** der Lehrer von Lisa.

Dieser See **heißt** Großer Rifflsee.

Die meisten Verben haben auch eine Akkusativ-Ergänzung.
Wenn man sich nicht sicher ist, welche Ergänzung richtig ist,
verwendet man am besten eine Akkusativ-Ergänzung.
Damit liegt man meistens richtig.

Sabine **mag** die Katze.

Einigen Verben haben eine Akkusativ- **und** eine Dativ-Ergänzung.
Der Akkusativ bezeichnet hier die Sache und der Dativ den Adressaten:

Herr Weber **empfiehlt**
den Touristen ein Restaurant.

„**Bringen** Sie mir
einen Espresso, bitte!"

Frau Panahi **erzählt** ihrem
Kind eine Geschichte.

„Kannst du mir bitte die Soße **geben**, Max?"

„**Sagen** Sie mir bitte
Ihren Namen?"

Herr Panahi **schenkt**
seiner Frau Blumen.

Herr Weber **schickt**
seinem Kollegen
eine E-Mail.

Es gibt aber auch Verben, die eine Dativ-Ergänzung, aber **keine** Akkusativ-Ergänzung haben. Die wichtigsten sind: *antworten, danken, gefallen, gehören, helfen* und *schmecken*.

„Meine Mutter **hat** mir noch nicht **geantwortet**, wann sie kommt."

Die Blumen sind wunderschön, ich **danke** dir.

Dieser Pullover **gefällt** mir sehr.

Diese Spielkonsole **gehört** meinem Bruder."

Stefan **hilft** seiner Mutter in der Küche.

Die neue Eissorte **schmeckt** den beiden gut.

2. Kasus nach Präpositionen

Außer dem Verb bestimmt auch eine **Präposition** den Kasus eines Nomens:
Es gibt Präpositionen mit Akkusativ, Dativ und Genitiv.
Man lernt deswegen die Präpositionen immer zusammen mit dem Kasus, der danach folgt.

für + Akkusativ

Diesen Krimi hat Max **für** den Urlaub gekauft.

zu + Dativ

„**Zu** unserer Hochzeit waren alle Freunde da, weißt du noch?"

während + Genitiv*

Lisa ist **während** des Films sehr müde geworden.

***Merke:** In der gesprochenen Sprache *während* + Dativ: **während** dem Film

(☞ Präpositionen, Seiten 118/125/132)

Dort sitzt eine Katze.

Die Katze heißt Mimi.

Im Unterschied zu vielen anderen Sprachen verwendet man in der deutschen Sprache Artikelwörter.
Sie stehen vor dem Nomen und informieren über

- das Genus (maskulin, feminin, neutral),
- den Numerus (Singular oder Plural)
- und den Kasus (Nominativ, Akkusativ, Dativ, Genitiv)

des Nomens.

(☞ Nomen (I): das Genus, Seite 7)
(☞ Nomen (II): der Plural, Seite 14)
(☞ Kasus im Satz, Seite 19)

1. Unbestimmter Artikel *ein* / *ein* / *eine*

eine **neue/unbekannte Sache** oder **Person**

Stefans Freundin hat ein **Auto**.

ausdrücken, was eine **Sache/Person genau ist**

Das Auto ist ein **Sportwagen**.

die Anzahl: **genau 1**

„Ich hätte gern eine **Cola**."

Pronomen

„Elif, möchtest du auch eine (= eine Cola)?"

	maskulin	neutral	feminin	Plural
Nominativ	ein Mann	ein Kind	ein**e** Frau	-
Akkusativ	ein**en** Mann	ein Kind	ein**e** Frau	-
Dativ	ein**em** Mann	ein**em** Kind	ein**er** Frau	-
Genitiv	ein**es** Mannes	ein**es** Kindes	ein**er** Frau	-

2. Bestimmter Artikel *der* / *das* / *die*

Das **Nomen** hat man **schon genannt.**

„Dort auf der anderen Straßenseite
siehst du **ein Mädchen**.
Das **Mädchen** ist meine Schwester Lisa."

Das **Nomen** ist **allgemein bekannt**.

„Na, Sabine, wie war's heute in der **Schule**?"

Man betont, dass die Sache oder Person **einmalig** oder **etwas Besonderes** ist:

Superlativ

„Siehst du, Lisa, es war gar nicht so schlimm." –
„Das war der **schlimmste** Tag meines Lebens!"

(☞ Komparation, Seite 56)

eine **ganz bestimmte** Person oder Sache

„Wie heißt der **hübsche Kerl dort drüben**?“

Namen von **speziellen Gebäuden**,
Seen, Flüssen und **Gebirgen**

„Wenn du hier bist, besuchen wir
den **Kölner Dom** und den **Starnberger See**,
fahren Rad an der **Isar**
und wandern in den **Alpen**.

einige Länder*

„Wollen wir in die **Schweiz**
oder in die **Türkei** fahren?“ –
„In die **Türkei**, ich will ans Meer.“

*auch: die Ukraine, die Mongolei, die USA (Plural)
Außerdem: (der) Irak, (der) Iran, (der) Sudan, (der) Libanon

Datum und Ordnungszahlen

„Weißt du noch? Am* **31. Dezember 1992** haben wir uns das **erste Mal** gesehen." – „Wirklich?"

an* + *dem* = ***am*

(☞ Lokale Präpositionen: *an*, *bei*, *von*, *zu*, *in* + bestimmter Artikel, Seite 118)

Pronomen

„Würdest du den Pullover nehmen oder den da?"

	maskulin	neutral	feminin	Plural
Nominativ	der Mann	das Kind	die Frau	die
Akkusativ	de**n** Mann	das Kind	die Frau	die
Dativ	de**m** Mann	de**m** Kind	de**r** Frau	de**n**
Genitiv	de**s** Mannes	de**s** Kindes	de**r** Frau	de**r**

Das Pronomen hat dieselben Formen wie der bestimmte Artikel.
Ausnahme: denen (Dativ Plural)

3. Nullartikel

Nullartikel bedeutet, dass **kein** Artikel verwendet wird.
In folgenden Fällen steht kein Artikel vor dem Nomen:

Eigennamen

„Hallo, ich heiße **Yasemine Mustafa** und bin in einer Schulklasse mit Lisa Weber."

Nationalitäten

„Ich bin **Syrerin**."

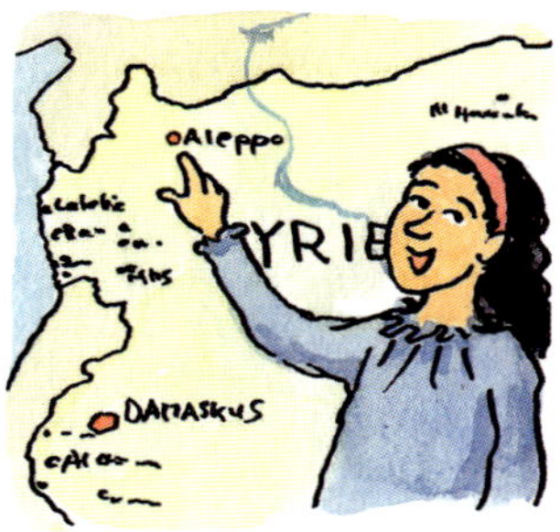

Namen von **Städten** und der meisten **Länder**

„Ich komme aus **Aleppo**.
Das liegt im Norden von **Syrien**."

Berufe

„Mein Vater ist **Zahntechniker**."

Materialien und **Stoffe**
in **unbestimmter Menge**

„Nach der Arbeit trinkt er gern **Tee**.
Die Kanne ist aus grünem **Glas**."

Eigenschaften und **Gefühle**

„Meine Eltern brauchen viel **Kraft**
und **Motivation**, um Deutsch zu lernen.
Aber es macht auch Spaß!"

Zeitangaben ohne Präposition

„**Nächste Woche** machen sie die B1-Prüfung."

vor Nomen nach **Gewichts-, Maß-** und **Mengenangaben**

„Ich esse vor einer Prüfung immer **eine Tafel** Schokolade."

Wenn im Singular der unbestimmte Artikel vor dem Nomen steht, braucht man im **Plural** keinen Artikel (= Nullartikel):
ein Fahrrad → **Fahrräder**

Der bestimmte Artikel (der/das/die) und der unbestimmte Artikel (ein/ein/eine) sind nicht die einzigen Artikelwörter.

(☞ Artikelwörter (I): unbestimmter und bestimmter Artikel, Nullartikel, Seite 27)
(☞ Artikelwörter (III): Possessivartikel, Seite 38)

Weitere Artikelwörter findet man im Folgenden:

1. *dieser*, *dieses*, *diese*

eine **ganz bestimmte** Person oder Sache

In diesem Haus ist der Kindergarten von Dana.

Tipp: Die Endungen lernt man schnell, denn sie sind die gleichen wie bei der/das/die.

	maskulin	neutral	feminin	Plural
Nominativ	dieser Mann	dieses Kind	diese Frau	diese
Akkusativ	diesen Mann	dieses Kind	diese Frau	diese
Dativ	diesem Mann	diesem Kind	dieser Frau	diesen
Genitiv	dieses Mannes	dieses Kindes	dieser Frau	der

2. *jeder*, *jedes*, *jede* / *alle*

die **gesamte Gruppe**
von Personen/Sachen

Für jedes Kind /
alle Kinder
beginnt der Kindergarten
am Morgen.

Jeder, *jedes*, *jede* stehen immer im Singular; *alle* steht immer im Plural:

Jedes Kind bekommt ein gesundes Frühstück.
Alle Kinder bekommen ein gesundes Frühstück.

	maskulin	neutral	feminin	Plural
Nominativ	jeder Mann	jedes Kind	jede Frau	alle
Akkusativ	jeden Mann	jedes Kind	jede Frau	alle
Dativ	jedem Mann	jedem Kind	jeder Frau	allen
Genitiv	jedes Mannes	jedes Kindes	jeder Frau	aller

3. *manche* / *einige*

ein paar, aber
nicht viele oder alle

Mit manchen/einigen Kindern ist Dana befreundet.

Manche und *einige* verwendet man selten im Singular. Am besten, du benutzt beide nur im Plural:

	Plural
Nominativ	manche/einige Menschen
Akkusativ	manche/einige Menschen
Dativ	manchen/einigen Menschen
Genitiv	mancher/einiger Menschen

1. Bedeutung

Der Possessivartikel zeigt,
- wem etwas gehört oder
- zu wem/was etwas gehört.

Eine Sache **gehört** jemandem, jemand **besitzt** sie.

„Nein, das ist mein Eis!"

Eine Person **gehört zu** jemandem oder einer Gruppe.

„Aber ich bin dein Bruder!"

Eine Sache **gehört zu** etwas / **zu** einem System, **ist Teil** davon.

Das ist das Auto von den Webers. Sein Motor ist kaputt.

2. Formen

ich → mein Kaffee

du → dein Kaffee

er → sein Kaffee

es → sein Schnuller

sie → ihr Kakao

wir → unser Vater

ihr → euer Vater

sie → ihr Auto

Sie → Ihr Schlüssel

Sie → Ihr Schlüssel

der Schlüssel →
ich und mein Schlüssel

das Auto →
ich und mein Auto

die Flasche →
ich und meine Flasche

		maskulin	neutral	feminin	Plural
ich	→	mein Schlüssel	mein Auto	meine Flasche	meine Schlüssel/ Autos/Flaschen
du	→	dein Schlüssel	dein Auto	deine Flasche	deine Schlüssel/ Autos/Flaschen
er	→	sein Schlüssel	sein Auto	seine Flasche	seine Schlüssel/ Autos/Flaschen
es	→	sein Schlüssel	sein Auto	seine Flasche	seine Schlüssel/ Autos/Flaschen
sie	→	ihr Schlüssel	ihr Auto	ihre Flasche	ihre Schlüssel/ Autos/Flaschen
wir	→	unser Schlüssel	unser Auto	uns(e)re Flasche	uns(e)re Schlüssel/ Autos/Flaschen
ihr	→	euer Schlüssel	euer Auto	eure Flasche	eure Schlüssel/ Autos/Flaschen
sie/Sie	→	ihr/Ihr Schlüssel	ihr/Ihr Auto	ihr/Ihre Flasche	ihre/Ihre Schlüssel/ Autos/Flaschen

⚠ Der Possessivartikel selbst hängt vom *Besitzer* ab,
die Endung aber von der zugehörigen Person oder Sache:

Herr Weber küsst seine *Frau*.

Ab 8.30 Uhr ist *Frau Weber* in ihrem *Büro*.

	maskulin	neutral	feminin	Plural
Nominativ	mein	mein	meine	meine
Akkusativ	meinen	mein	meine	meine
Dativ	meinem	meinem	meiner	meinen
Genitiv	meines	meines	meiner	meiner

Ebenso: *dein*, *sein*, *ihr*, *unser*, *euer*, *ihr*, *Ihr*

1. Bedeutung

Personalpronomen verwendet man, wenn man ein **Nomen** nicht wiederholen will:

Frau Weber ist im Büro.
Sie macht Notizen.

Sie = Frau Weber

Der **Chef**, Herr Wollters,
ruft sie an.

sie = Frau Weber

Er gibt ihr einen **Brief**.
Sie soll ihn lesen.

Er = der Chef
ihr = Frau Weber
Sie = Frau Weber
ihn = den Brief

2. Formen

Das Personalpronomen hat wie das Nomen, das es ersetzt,
- ein Genus: maskulin, neutral oder feminin;
- einen Kasus: Nominativ, Akkusativ oder Dativ;
- einen Numerus: Singular oder Plural.

(☞ Nomen (I): das Genus, Seite 7)
(☞ Nomen (II): der Plural, Seite 14)
(☞ Kasus im Satz, Seite 19)

	Nominativ	Akkusativ	Dativ
	„Das bin ich, Sabine."	mich	mir
	„Wer bist du?"	dich	dir
	„Das ist mein Bruder, er heißt Max."	ihn	ihm
	„Das ist ein Baby, es heißt Alex."	es	ihm
	„Das ist meine Schwester, sie heißt Lisa."	sie	ihr

	Nominativ	Akkusativ	Dativ
	„Lisa, Max und ich, wir sind Geschwister."	uns	uns
	„Lisa und Max, ihr wartet hier!"	euch	euch
	„Lisa und Max, sie verstehen sich gut."	sie	ihnen
	„Sind Sie nicht Herr Müller?"	Sie	Ihnen
	„Sind Sie beide zum ersten Mal in Deutschland?"	Sie	Ihnen

Merke: Die *Du*-Form verwendet man für die **informelle Anrede**.
Man benutzt sie für Kinder, Freunde und Familienmitglieder.
Für die **formelle Anrede** verwendet man die *Sie*-Form.
Die *Sie*-Form ist für alle erwachsenen Personen, die man nicht kennt.
Erst wenn man darüber gesprochen hat, *Du* zu sagen, sollte man die *Du*-Form auch verwenden.

⚠ Das Wörtchen *ihr* kann ein Personalpronomen sein: Ich helfe ihr oft.
Aber es kann auch ein Possessivartikel sein:
Frau Weber arbeitet in einem Büro. Herr Wollters ist ihr Chef.

(☞ Artikelwörter (III): Possessivartikel, Seite 38)

3. Position im Satz

Das Personalpronomen steht im Satz **vor** dem Nomen:

		Personalpronomen	Nomen
Sabine	gibt	ihm (= Max)	die Schokolade.
Sabine	gibt	sie (= die Schokolade)	Max.

Bei zwei Personalpronomen steht das Personalpronomen im Akkusativ **vor** dem Personalpronomen im Dativ:

		Akkusativ	Dativ
Sabine	gibt	sie (= die Schokolade)	ihm (= Max).

1. Bedeutung

Mit einem **Indefinitpronomen** ersetzt man ein Nomen. *Indefinit* bedeutet, dass die Person oder Sache **unbestimmt** oder **unbekannt** ist.

man
jeder Mensch, alle Menschen, die Leute

„Hier kann man alles kaufen!"

jemand
unbestimmte oder unbekannte Person

„Jemand hat mir gesagt, dass viele Sachen teuer sind."

etwas
unbestimmte Sache oder unbestimmter Sachverhalt

„Ich soll meiner Mutter etwas mitbringen."

mehr
eine unbestimmte Menge
zusätzlich; Komparativ von *viel*

„Kann es ein bisschen mehr sein?"

alles
Gesamtheit einer unbestimmten Menge; Gegenteil von *nichts*

„Ich glaube, jetzt habe ich alles."

welcher, **welches**, **welche**
unbestimmte Art und Menge

„Ich suche Brot.
Wo bekomme ich welches?"

Merke:
- In der gesprochenen Sprache verwendet man statt *etwas* oft die **Kurzform** *was*: „Ich soll meiner Mutter was mitbringen."
- Zur **Verstärkung** verwendet man vor *jemand*, *etwas*/*was* den Zusatz **irgend**-: ***irgend****jemand*, ***irgend****etwas*/***irgend****was*:
  „Irgendjemand hat mir gesagt, dass viele Sachen teuer sind."

(☞ Artikelwörter (I), Seite 27)
(☞ Artikelwörter (II), Seite 35)
(☞ Negation, Seite 156)

2. Formen

Etwas, *mehr* und *alles* bleiben unverändert:
Alles (= Nominativ) ist gut. – Max sieht alles (= Akkusativ).

Man sollte jetzt nur im Nominativ gelernt werden, die Formen für den Akkusativ und Dativ sind erst später wichtig.

Jemand kann man im Akkusativ und Dativ deklinieren
(Akkusativ: jeman**den**; Dativ: jemand**em**), muss man aber nicht.
Man findet diese Formen oder ihre Abkürzungen *jd* (Nominativ),
jdn/jn/jmdn (= Akkusativ) und *jdm/jm/jmdm* (= Dativ),
wenn man im Wörterbuch nach einem Verb sucht.

Welch- dekliniert man so:

	maskulin	neutral	feminin	Plural
Nominativ	welch**er**	welch**es**	welch**e**	welch**e**
Akkusativ	welch**en**	welch**es**	welch**e**	welch**e**

Merke: *Welch*- gibt es auch als **Fragewort**: **Welchen** Pullover möchtest du?

(☞ Fragesatz, Seite 159)

Mit einem Adjektiv kann man beschreiben, wie etwas oder jemand ist.

Wenn das Adjektiv sich auf ein Verb bezieht, hat es keine Endung:
„Das T-Shirt ist nicht neu. Das T-Shirt sieht hübsch aus."

Wenn aber das Adjektiv vor einem Nomen steht, hat es eine **Endung**:
„Du hast ja schon wieder ein neu**es** T-Shirt an!"

Da im Deutschen die Satzglieder an unterschiedlicher Position im Satz stehen können, braucht man ein **Kasus-Signal**. Damit kann man Nominativ-Subjekt, Akkusativ-Objekt und Dativ-Objekt unterscheiden.

(☞ Kasus im Satz, Seite 19)
(☞ Artikelwörter (I), Seite 27)

Es gibt **eine Grundregel**, die man bei der Adjektivdeklination beachten muss. Dann ist sie gar nicht so schwer:

> Das **Kasus-Signal** steht entweder am Artikelwort vor dem Adjektiv oder am Adjektiv:
> - am Artikelwort, wenn es eine Endung hat (de**r** alte Mann)
> - am Adjektiv, wenn das Artikelwort keine Endung hat (ein alt**er** Mann) oder wenn es gar kein Artikelwort gibt (alt**er** Mann).

1. Adjektivdeklination bei Kasus-Signal am Artikelwort

Das Artikelwort (*der*, *das*, *die*, *den*, *einen*, *seines*, *ihrem*, *dieser*...) hat ein **Kasus-Signal** → Adjektiv: *-e* oder *–en*:

„Hast du schon da**s** neue Online-Wörterbuch von wort.de getestet?“

	maskulin	neutral	feminin	Plural
Nominativ	der große* Mann	das große* Kind	die große* Frau	die großen Männer/ Kinder/Frauen
Akkusativ	den großen Mann	das große* Kind	die große* Frau	die großen Männer/ Kinder/Frauen
Dativ	dem großen Mann	dem großen Kind	der großen Frau	den großen Männern/ Kindern/Frauen
Genitiv	des großen Mannes	des großen Kindes	der großen Frau	der großen Männer/ Kinder/Frauen

* In diesen fünf Fällen ist die Endung *-e* statt *-en*.

Bei mehreren Adjektiven hintereinander hat jedes Adjektiv die gleiche Endung:
das neu*e*, kostenlos*e* Online-Wörterbuch.

Merke: Dieselben Formen wie nach *der/das/die* gibt es auch nach anderen Artikelwörtern:

dies**er** nette Mann – all**e** neuen Häuser – sein**em** kleinen Kind – kein**e** jungen Hunde

(☞ Artikelwörter (II), Seite 35)
(☞ Artikelwörter (III), Seite 38)
(☞ Negation, Seite 156)

Merke: Das Adjektiv *hoch* verliert das *c*: hoch → ein hoher Turm.
Adjektive auf *–el* verlieren das *e*: dunk**el** → die dunk**l**e Nacht.
Adjektive auf *–er* verlieren ebenfalls das *e*: teu**er** → der teu**r**e Urlaub.

2. Adjektivdeklination bei Kasus-Signal am Adjektiv

Das Artikelwort hat keine Signalendung (*ein*, *mein*, *dein*, *sein*, *ihr* ...)
oder es gibt gar kein Artikelwort: → Adjektiv bekommt **Kasus-Signal**:

„Ich brauche noch italienisch**e** Erdbeeren, deutsch**en** Spargel und norddeutsch**es** Vollkornbrot."

Ausnahme: Genitiv maskulin und neutral: → -*en*: im Juni *nächsten* Jahres

	maskulin	neutral	feminin	Plural
Nominativ	groß**er** Mann	groß**es** Kind	groß**e** Frau	groß**e** Männer/Kinder/ Frauen
Akkusativ	groß**en** Mann	groß**es** Kind	groß**e** Frau	groß**e** Männer/Kinder/ Frauen
Dativ	groß**em** Mann	groß**em** Kind	groß**er** Frau	groß**en** Männern/Kindern/ Frauen
Genitiv	großen* Mannes	großen* Kindes	groß**er** Frau	groß**er** Männer/Kinder/ Frauen

*⚠ Entgegen der Grundregel hier Endung *–en* statt Kasus-Signal.

Merke: Beim unbestimmten/negativen Artikel und beim Possessivartikel steht das **Kasus-Signal** manchmal am Artikelwort, manchmal am Adjektiv:

„Das ist ein toll**es** Fahrrad, oder?“ –
„Mit dein**em** tollen Fahrrad ist es
kein**e** große Überraschung,
dass du so schnell bist.“

	maskulin	neutral	feminin	Plural
Nominativ	ein groß**er** Mann	ein groß**es** Kind	ein**e** große Frau	groß**e** Männer/Kinder/ Frauen
	kein groß**er** Mann	kein groß**es** Kind	kein**e** große Frau	kein**e** großen Männer/ Kinder/Frauen
Akkusativ	ein**en** großen Mann	ein groß**es** Kind	ein**e** große Frau	groß**e** Männer/Kinder/ Frauen
	kein**en** großen Mann	kein groß**es** Kind	kein**e** große Frau	kein**e** großen Männer/ Kinder/Frauen
Dativ	ein**em** großen Mann	ein**em** großen Kind	ein**er** großen Frau	groß**en** Männern/Kindern/ Frauen

Merke: Nach **Kardinalzahlen** verwendet man die Formen des Adjektivs ohne Artikel:

zwei/drei/vier/... nett**e** Kinder.

(☞ Kardinalzahlen, Seite 148)

Mit Adjektiven kann man Sachen oder Personen **vergleichen** (= **Komparation**).
Formen dafür sind der **Komparativ** (kleiner) und der **Superlativ** (am kleinsten).

1. Die Komparation beim Verb

Lisa ist **klein**.

Max ist kleiner als Lisa.

Die Katze von Webers ist am kleinsten.

Lisa ist		**klein.**			**Grundform**
Max ist		klein	er.		**Komparativ**
Die Katze ist	am	klein	st	en.	**Superlativ**

2. Die Komparation vor dem Nomen

Wenn der Komparativ oder Superlativ vor dem Nomen steht, bekommen sie dieselben Endungen wie ein ‚normales' Adjektiv:

Sabine hat großen Hunger.

Lisa hat größeren Hunger.

Den größten Hunger hat Max.

(☞ Adjektive: beschreiben, wie etwas oder jemand ist, Seite 51)

Bei der Komparation gibt es einige **unregelmäßige** Formen. Die muss man einfach lernen:

Umlaut bei vielen kurzen Adjektiven mit a, o, u:

alt → älter / ältest-
gr**o**ß → größer / größt-
j**u**ng → jünger / jüngst-

Am größten ist Stefan. Er ist jünger als Frau Weber und älter als Sabine.

Nach -d, -t, -s, -ß*, -sch, -x, -z
Superlativ mit -est:

gesun**d** → gesündest-
lau**t** → lautest-
hei**ß** → heißest-
fri**sch** → frischest-

Auf dem Markt finde ich die frischesten und gesündesten Lebensmittel!

***Merke:** Ausnahme ist größt-. Hier fehlt das e:
Welche Kartoffeln sind die größten? – Die größten Kartoffeln sind diese hier.

Nach -el und -er fällt im
Komparativ das e weg:

dunk**el** → dunkler
teu**er** → teurer

Die dunkleren Stiefel stehen dir besser. – Aber die sind leider auch teurer.

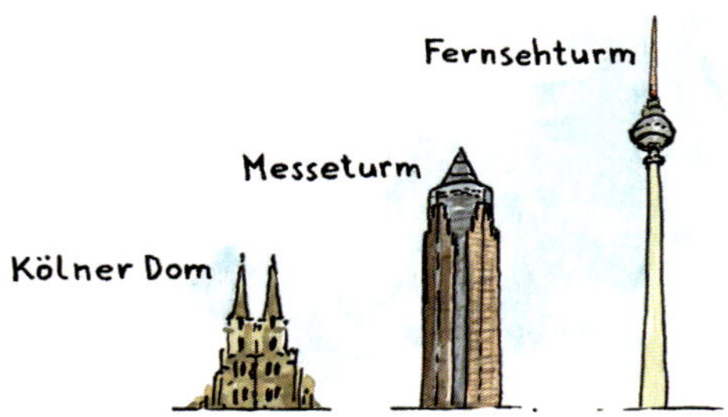

Bei *hoch* fällt im Komparativ
das c weg:
hoch → höher → höchst-

Der Kölner Dom ist **hoch**. Der Frankfurter Messeturm ist noch höher,
aber am höchsten ist der Berliner Fernsehturm.

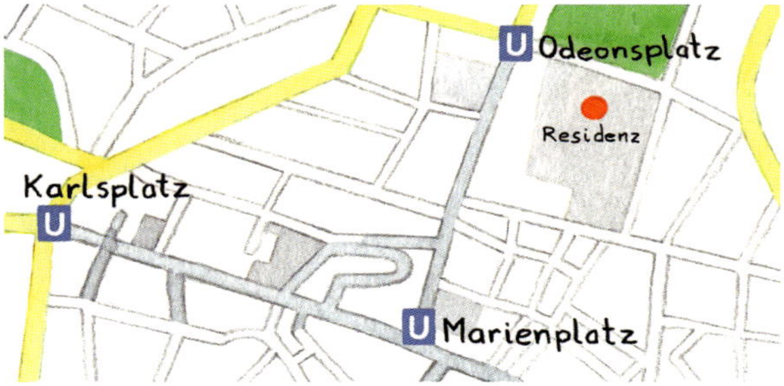

Bei *nah* kommt im Superlativ ein c hinzu:

nah → näher → nächst-

Wo ist die nächste U-Bahnstation? Der Karlsplatz ist **nah**.
Der Marienplatz ist noch näher, aber die nächste Station ist am Odeonsplatz.

Die Geschwister spielen Darts. Stefan ist **gut.**

Lisa ist besser.

Am besten ist Sabine.

Max isst **gern** Schokoeis.

Noch lieber isst er Vanilleeis.

Am liebsten isst er Himbeereis.

Lisa muss **viel** lernen.

Sabine muss noch mehr* lernen.

Am meisten muss Stefan lernen.

***Merke:** *mehr/weniger* stehen vor Nomen ohne Artikel und haben keine Endung: mehr Qualität, aber weniger Kosten.

Manchmal gibt es die Kombination von **unbestimmtem Pronomen** und Superlativ im Genitiv Plural. Es ist nicht so wichtig, dass man diese Kombination schon selber verwenden kann.
Hier genügt es, wenn man den Sinn versteht:

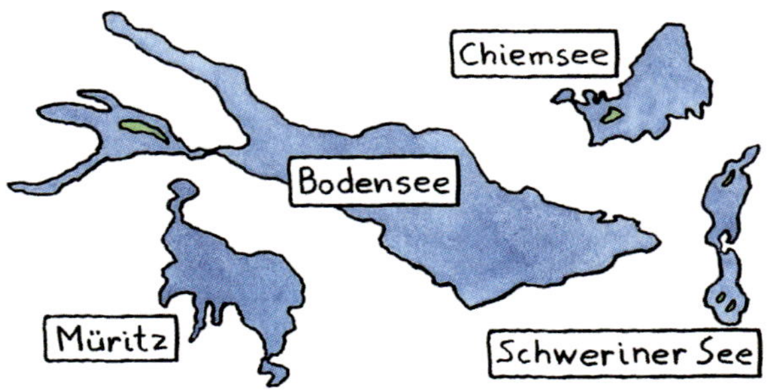

Das sind die vier größten Seen Deutschlands.
Der Chiemsee ist **einer** der größten Seen in Deutschland.

(☞ Kasus im Satz, Seite 19)

3. Vergleiche mit *wie* und *als*:

Mit der Hilfe von *wie* drückt man Gleichheit aus:
so + **Grundform** + *wie* = Gleichheit

Im Moment bin ich noch nicht *so* **groß** wie du.

Jetzt bin ich endlich *so* **groß** wie du.

Mit der Hilfe von als drückt man Ungleichheit aus:
Komparativ + als = Differenz

Jetzt ist Max größer als Stefan.

Verben: etwas tun

Für viele Verben bildet man die Formen für die Gegenwart (Präsens) so: Von der Grundform (Infinitiv) nimmt man das -en am Ende weg, dann bleibt der Stamm übrig:
gehen → geh~~en~~ → geh-.
Jetzt muss man zeigen, **wer** etwas tut.
Dafür muss man

- eine neue Endung dranhängen und
- eine Person davorsetzen, die etwas tut.

	gehen
ich	gehe
du	gehst
er, es, sie	geht
wir	gehen
ihr	geht
sie, Sie	gehen

Wer?	geh-
ich	-e
du	-st
er, es, sie	-t
wir	-en
ihr	-t
sie, Sie	-en

ich geh- ich gehe

 +  = 

du + geh- = du gehst

 +  = 

er + geh- = er geht

 +  = 

es + geh- = es geht

 +  = 

sie — geh- — sie geht

 +  = 

wir — geh- — gehen

 +  = 

ihr — geh- — ihr geht

 +  = 

sie geh- sie gehen

 +  = 

Sie geh- Sie gehen

 +  = 

Sie geh- Sie gehen

So wie bei *gehen* bildet man die Formen von sehr vielen Verben: z. B. *kommen*, *leben*, *wohnen*, *liegen*, *lernen*, *kaufen*, *machen*, *spielen*, *hören*.
(☞ Personalpronomen, Seite 44)

Manche Verben bildet man anders, weil dann die Aussprache leichter ist.

1. Verben mit Stamm auf -d/-t

Hier gibt es in drei Fällen ein zusätzliches e.

Max findet sein Buch.

	fin**d**en
ich	finde
du	find**e**st
er, es, sie	find**e**t
wir	finden
ihr	find**e**t
sie, Sie	finden

	arbei**t**en
ich	arbeite
du	arbeit**e**st
er, es, sie	arbeit**e**t
wir	arbeiten
ihr	arbeit**e**t
sie, Sie	arbeiten

2. Verben mit Stamm auf -s/-ß

Hier gibt es nur **ein** -s/-ß, man hängt also in der Du-Form nur ein -t an den Stamm.

	reisen
ich	reise
du	reist
er, es, sie	reist
wir	reisen
ihr	reist
sie, Sie	reisen

	heißen
ich	heiße
du	heißt
er, es, sie	heißt
wir	heißen
ihr	heißt
sie, Sie	heißen

3. Verben mit Stamm auf -el/-er

Hier hängt man in der Wir- und Sie-Form nur ein -n an den Stamm. Die Ich-Form von Verben mit Stamm auf -el verliert das e.

	radeln
ich	radle
du	radelst
er, es, sie	radelt
wir	radeln
ihr	radelt
sie, Sie	radeln

	wandern
ich	wandere
du	wanderst
er, es, sie	wandert
wir	wandern
ihr	wandert
sie, Sie	wandern

Andere Beispiele für
Verben auf -el: klingeln, lächeln
Verben auf -er: ändern, speichern

4. Verben mit Vokalwechsel

Bei einigen Verben muss man besonders gut aufpassen. Hier wechselt in den Du- und Er-/Es-/Sie-Formen der Vokal im Wortstamm, wie zum Beispiel beim Verb *sehen*:

Ohne Brille sieht Frau Weber nichts.

Merke: Die folgenden Buchstaben sind Vokale: a, e, i, o, u und ä, ö, ü.

Folgende Vokalwechel sind wichtig:

	a → ä schlafen
ich	schlafe
du	schläfst
er, es, sie	schläft
wir	schlafen
ihr	schlaft
sie, Sie	schlafen

	e → i geben
ich	gebe
du	gibst
er, es, sie	gibt
wir	geben
ihr	gebt
sie, Sie	geben

	e → ie sehen
ich	sehe
du	siehst
er, es, sie	sieht
wir	sehen
ihr	seht
sie, Sie	sehen

Andere Beispiele für

- a → ä: *fahren*, *lassen*, *schlagen*
- e → i: *helfen*, *nehmen*, *sprechen*, *treffen*
- e → ie: *empfehlen*, *lesen*

Perfekt (I): das Perfekt mit *haben*

Das Perfekt verwendet man, um zu sagen, dass etwas in der Vergangenheit passiert ist.

„Heute Morgen habe ich das Ticket für deinen Flug gebucht, Mama."

Das Perfekt bildet man mit *haben* oder mit *sein.*

(☞ Perfekt (II): das Perfekt mit *sein*, Seite 75)

Mit *haben* bildet man das Perfekt bei:

den **meisten** Verben.

„Was hast du am Wochenende gemacht?" – „Ich habe ein neues Dirndl gekauft."

allen **reflexiven** Verben*.

„Dann habe ich mich mit Tom getroffen. Wir haben uns unterhalten."

*(☞ Reflexive Verben, Seite 111)

Um das Perfekt zu bilden, braucht man die richtige Form von *haben* und das Partizip Perfekt des Verbs, das man in die Vergangenheit setzen will.

		kaufen	**sich beeilen**
ich	habe	gekauft	mich beeilt
du	hast	gekauft	dich beeilt
er, sie, es	hat	gekauft	sich beeilt
wir	haben	gekauft	uns beeilt
ihr	habt	gekauft	euch beeilt
sie, Sie	haben	gekauft	sich beeilt

1. Das Perfekt bei regelmäßigen Verben

„Hast du nicht gesagt, du hast im Keller aufgeräumt und die alten Sachen auf Ebay verkauft?"

„Hast du dich nicht rasiert?"

					ebenso:
sagen →		ge	sag	t	arbeiten → gearbeitet / holen → geholt / machen → gemacht / ...
aufräumen* →	auf	ge	räum	t	abholen → abgeholt / einkaufen → eingekauft / zumachen → zugemacht / ...
verkaufen** →			verkauf	t	besuchen → besucht / erreichen → erreicht / gehören → gehört / ...
rasieren** →			rasier	t	probieren → probiert / studieren → studiert / telefonieren → telefoniert / ...

*Bei trennbaren Verben kommt -*ge*- zwischen die Vorsilbe und den Stamm des Verbs.
**Bei Verben, die mit *be-*, *emp-*, *ent-*, *er-*, *ge-*, *miss-*, *zer-* oder *ver-* beginnen (untrennbare Verben) und bei Verben auf *-ieren*: Perfektbildung ohne -*ge*-.

(☞ Trennbare Verben, Seite 107)

2. Das Perfekt bei unregelmäßigen Verben

„Hast du den Autoschlüssel gefunden?" –
„Nein. Ich habe ihn wohl verloren."

„Marie hat gerade angerufen.
Sie hat den Schlüssel gefunden!"

					ebenso:
finden →		ge	fund	en	fahren → gefahren / sehen → gesehen / singen → gesungen /…
anrufen →	an	ge	ruf	en	aussehen → ausgesehen / mitnehmen → mitgenommen / wegwerfen → weggeworfen /…
verlieren →			verlor*	en	bekommen → bekommen / empfehlen → empfohlen / gefallen → gefallen /…

*Bei den Verben mit *be-*, *emp-*, *ent-*, *er-*, *ge-*, *miss-*, *zer-*, *ver-* (untrennbare Verben): Perfektbildung ohne *-ge-*

3. Das Perfekt bei Mischverben

„Wenn Sie einen Pass beantragen möchten,
brauchen Sie eine Geburtsurkunde" –
„Das habe ich nicht gewusst."

Mischverben sind Verben, die in der Vergangenheitsform ihren Wortstamm ändern, aber wie die regelmäßigen Verben ein Partizip Perfekt haben, das auf *-t* endet:

wissen →	ge	wuss	t	bringen → gebracht / denken → gedacht / kennen → gekannt / ...

4. Die Wortstellung im Satz

Haben steht (wie jedes konjugierte Verb in Aussagsätzen) an Position 2. Das Hauptverb kommt dafür von Position 2 ans Satzende:

		Position 2		**Satzende**
Präsens	Ich	koche	Kaffee.	
Perfekt	Ich	habe	Kaffee	gekocht.

Perfekt (II): das Perfekt mit *sein*

Das Perfekt verwendet man, um zu sagen, dass etwas in der Vergangenheit passiert ist.

heute Morgen

jetzt

Die Panahis sind heute Morgen früh aufgestanden.

Jetzt wandern sie in den Alpen.

Das Perfekt bildet man mit *sein* oder mit *haben*.

(☞ Perfekt (I): das Perfekt mit *haben*, Seite 70)

Mit *sein* bildet man das Perfekt bei:

Verben, die einen **Ortswechsel** anzeigen:
z. B. *fahren, fallen, fliegen, gehen, kommen, laufen, rennen, springen, steigen, reisen, schwimmen, wandern.*

„Ich bin nur 30 km/h gefahren.
Der Junge ist plötzlich über die Straße gelaufen."

Merke: Das Perfekt mit *sein* bilden auch verwandte Verben mit **trennbarer Vorsilbe**:
steigen – **aus**steigen – **ein**steigen – **um**steigen …

Verben, die einen **Zustandswechsel** anzeigen:
z. B. *aufwachen, fallen, landen, passieren, starten, sterben, werden*.

„Ich hoffe, dem Jungen ist nichts Schlimmes passiert!“

den Verben *sein* und *bleiben*.

„Ich bin ganz langsam gewesen und sofort stehen geblieben.“

(☞ Trennbare Verben, Seite 107)

Um das Perfekt zu bilden, braucht man die richtige Form von *sein* und das Partizip Perfekt des Verbs, das man in die Vergangenheit setzen will.

		fahren	**aussteigen**	**sein**
ich	bin	gefahren	ausgestiegen	gewesen
du	bist	gefahren	ausgestiegen	gewesen
er, es, sie	ist	gefahren	ausgestiegen	gewesen
wir	sind	gefahren	ausgestiegen	gewesen
ihr	seid	gefahren	ausgestiegen	gewesen
sie, Sie	sind	gefahren	ausgestiegen	gewesen

1. Das Perfekt bei regelmäßigen Verben

„Was ist passiert?" –
„Unser Flugzeug ist gelandet."

„Oh nein, ich bin viel zu spät aufgewacht!"

					ebenso:
reisen →		ge	reis	t	landen → gelandet / starten → gestartet / wandern → gewandert ...
aufwachen* →	auf	ge	wach	t	auswandern → ausgewandert / einreisen → eingereist / ...
passieren** →			passier	t	explodieren → explodiert

*Bei trennbaren Verben kommt *-ge-* zwischen die Vorsilbe und den Stamm des Verbs.
**Bei Verben auf *-ieren*: Perfektbildung ohne *-ge-*

2. Das Perfekt bei unregelmäßigen Verben

Max ist vom Baum gefallen.

Der Zug ist abgefahren.

					ebenso:
bleiben →		ge	blieb	en	fahren → gefahren / fallen → gefallen / fliegen → geflogen / gehen → gegangen / kommen → gekommen / laufen → gelaufen / sein → gewesen / springen → gesprungen / steigen → gestiegen / werden → geworden
abfahren*→	ab	ge	fahr	en	abfliegen → abgeflogen / einsteigen → eingestiegen

*Bei trennbaren Verben kommt -*ge*- zwischen die Vorsilbe und den Stamm des Verbs.

3. Die Wortstellung im Satz

Sein steht (wie jedes konjugierte Verb in Aussagesätzen) an Position 2.
Das Hauptverb kommt dafür von Position 2 ans Satzende:

		Position 2		**Satzende**
Präsens	Ich	fahre	nach Hause.	
Perfekt	Ich	bin	nach Hause	gefahren.

„Ich möchte jetzt mit Bilkay ins Schwimmbad gehen."

„Du darfst nicht schwimmen gehen, du bist erkältet."

„Der Arzt hat gesagt, du sollst zu Hause bleiben. Du musst vernünftig sein!"

Kann ich dann einen Film sehen?

Mit einem Modalverb kann man ausdrücken, dass eine Aktion
- möglich (können),
- erlaubt/verboten (dürfen, können),
- notwendig (müssen),
- erwartungsgemäß (sollen),
- beabsichtigt (wollen) oder
- erwünscht („möchten“) ist.

Dazu braucht man die passende Form des Modalverbs und den Infinitiv des Verbs, auf das sich das Modalverb bezieht.
Das konjugierte Modalverb steht dabei immer an ‚normaler' Verbposition, das Hauptverb steht im Infinitiv am Satzende.

Ohne Modalverb**:**	Ich	gehe	jetzt	zu Bilkay.	
Mit Modalverb**:**	Ich	möchte	jetzt	zu Bilkay	gehen.

Um die **Vergangenheit** mit einem Modalverb auszudrücken, verwendet man meistens die Form des **Präteritums**: Ich **wollte** letztes Jahr nach Frankreich fahren.
Bei Modalverben ist das Perfekt unüblich.

(☞ Modalverben, Seiten 81/85/89)

1. *können*

Fähigkeit

„Herr Tatlises, welche Sprachen können Sie sprechen?"*

Möglichkeit / Gelegenheit

„Viele Informationen können Sie auch auf unserer Website finden: www.willkommen-in-*.de."

Erlaubnis / Verbot

„Sie können mit diesem Ticket **nicht** bis zum Flughafen fahren.
Sie können nur in der Innenstadt fahren.

*In der gesprochenen Sprache auch ohne das Hauptverb sprechen:
„Herr Tatlises, welche Sprachen können Sie denn?"

Bitte

„Können Sie mir bitte beim Ausfüllen helfen?“

Bitte (Höflichkeitsform)

„Könnten** Sie mir bitte beim Ausfüllen helfen?“

Vorschlag / Angebot

„Vielleicht kann ich Ihnen beim Ausfüllen helfen?“

**Diese Höflichkeitsform heißt Konjunktiv II.

	Präsens	Präteritum
ich	kann	konnte
du	kannst	konntest
er, es, sie	kann	konnte
wir	können	konnten
ihr	könnt	konntet
sie, Sie	können	konnten

Von der **Höflichkeitsform** (Konjunktiv II) sollte man diese drei Formen lernen:

Könntest du ... / Könntet ihr ... / Könnten Sie ... (+ *bitte*)?

2. *dürfen*

Erlaubnis / Verbot

„Man darf nur bei Grün über die Ampel gehen."

Bitte

„Darf ich Sie um einen Gefallen bitten? Bitte helfen Sie mir über die Straße."

Vorschlag

„Darf ich Ihnen über die Straße helfen?"

Merke: *Dürfen* betont bei der Bedeutung „Erlaubnis / Verbot" mehr als *können* die Person, die erlaubt oder verbietet. Bei den Bedeutungen „Bitte" und „Vorschlag" ist *dürfen* formeller als *können*.

	Präsens	**Präteritum**
ich	darf	durfte
du	darfst	durftest
er, sie, es	darf	durfte
wir	dürfen	durften
ihr	dürft	durftet
sie, Sie	dürfen	durften

1. *müssen*

Notwendigkeit

„Wir müssen einen neuen Fußball kaufen!"

Vorschrift

„Hier steht, wir müssen die Rechnung sofort bezahlen."

Pflicht

„Du musst es mir bis heute Abend zurückbringen, Anna."

2. *sollen*

Erwartung / Aufforderung

Jemand (1) gibt die Erwartung einer Person (2) an eine andere Person (3) weiter.

Herr Weber (1): „Mama (2) hat dir (3) schon zweimal gesagt, du sollst dein Zimmer aufräumen!"

Rat / Empfehlung

„Du solltest* mit dieser Grippe zum Arzt gehen."

fragen, was man tun soll

„Was soll ich tun?"

*⚠ Diese Form heißt Konjunktiv II, ☞ nächste Seite.

3. Formen

	Präsens		Präteritum	
	müssen	**sollen**	**müssen**	**sollen**
ich	muss	soll	musste	sollte
du	musst	sollst	musstest	solltest
er, es, sie	muss	soll	musste	sollte
wir	müssen	sollen	mussten	sollten
ihr	müsst	sollt	musstet	solltet
sie, Sie	müssen	sollen	mussten	sollten

*Eine besondere Form von *sollen* heißt **Konjunktiv II**. Wichtig sind jetzt nur die folgenden Formen. Man verwendet Sie, wenn man einen Rat oder eine Empfehlung geben möchte:

ich	sollte
du	solltest
er, es, sie	sollte
wir	sollten
ihr	solltet
sie, Sie	sollten

⚠ Diese besondere Form von *sollen* ist identisch mit der Vergangenheitsform **Präteritum**. Aber sie bezieht sich nicht auf eine Aktion in der Vergangenheit, sondern auf eine Aktion in der Gegenwart ☞ Seite 88:

Frau Weber meint, **es ist** für Lisa **besser**, wenn sie jetzt lernt. (Konjunktiv II).

Du solltest für die Prüfung lernen und nicht skypen.

Frau Weber **hat** von Lisa **erwartet**, dass sie lernt. Die erwartete Aktion liegt in der Vergangenheit (Präteritum).

Du solltest doch lernen!

Merke: Auch bei *müssen* und *sollen* fällt in der Umgangssprache manchmal das Hauptverb weg – insbesondere *gehen* oder *fahren*:
Mit der Erkältung solltest du besser zum Arzt (gehen).
Wir sollen noch schnell zur Apotheke (fahren).

⚠ Ab und zu hört man, dass jemand sagt: „Ich muss mal!"

Das ist kurz für „Ich muss die Toilette benutzen".

Wunsch

„Möchten Sie schon bestellen oder wollen Sie noch warten?“

Absicht, Plan

„Ich will im Herbst ein Praktikum bei Siemens machen.“

Mit „*möchten*“ und *wollen* drückt man Wünsche aus.
Mit „*möchten*“ drückt man einen Wunsch nicht so direkt aus wie mit *wollen*.
So formuliert man höflich einen Wunsch.

Mit *wollen* kann man auch eine Absicht oder einen Plan ausdrücken.

„*Möchten*“ ist übrigens gar kein richtiger Infinitiv,
sondern eine besondere Form (Konjunktiv II) des Verbs *mögen*.

Merke: Auch bei *wollen* und „*möchten*“ fällt in der Umgangssprache manchmal das Hauptverb weg, vor allem *haben*, aber auch andere Verben:

Ich will dieses T-Shirt nicht (haben).
Möchtest du lieber eine Cola (haben)?
Wir wollen über Ostern nach Berlin (fahren).
Ich *möchte* nicht nach Düsseldorf (umziehen).
Wollen Sie ein anderes Flugzeug (nehmen)?
Willst du mit ins Kino (gehen)?

	Präsens		**Präteritum**	
	wollen	**„möchten“**	**wollen**	**„möchten“**
ich	will	möchte	wollte	
du	willst	möchtest	wolltest	
er, es, sie	will	möchte	wollte	
wir	wollen	möchte	wollten	
ihr	wollt	möchtet	wolltet	
sie, Sie	wollen	möchten	wollten	

Merke: Um „*möchten*“ in der Vergangenheit zu verwenden, nimmt man einfach das Präteritum von *wollen*.

Tipp: Es gibt noch eine gute Möglichkeit, einen Wunsch höflich zu formulieren. Wenn man gerne etwas *tun* möchte, verwendet man eine spezielle Form (Konjunktiv II) von *werden*:
würde + *gern(e) / lieber / am liebsten*

Wenn man gerne etwas **haben** möchte, dann verwendet man den Konjunktiv II von *haben*:
hätte + *gern(e) / lieber / am liebsten*

höflicher Wunsch

„Wir würden *gern* bestellen." – „Ich hätte *am liebsten* eine Apfelschorle".

	Präsens	
ich	würde gern ...	hätte gern ...
du	würdest gern ...	hättest gern ...
er, sie, es	würde gern ...	hätte gern ...
wir	würden gern ...	hätten gern ...
ihr	würden gern ...	hättet gern ...
sie, Sie	würden gern ...	hätten gern ...

1. *sein*

Identität einer Person

„Sind Sie **Stefan Weber**?" – „Ja, **das** bin ich."

Beruf

„Was sind Sie **von Beruf**?" –
„Ich bin **Krankenpflegerin**."

sein + Adjektiv

„Wie ist denn das Buch? Ist es interessant oder langweilig?“

sein + Adjektiv + Dativ-Ergänzung

„Mir ist kalt, bitte mach das Fenster zu!“

sein + Adjektiv bei unpersönlichen Ausdrücken (feste Wendungen)

„Es ist schwer, jeden Tag so viel Neues zu lernen!“

sein + Uhrzeit + es

„Wie spät ist es?" – „Es ist gleich 8."

sein + Wochentag / Tageszeit / Jahreszeit / Wetter + es

„Es ist Samstag, es ist Sommer,
und es ist sonnig!"

sein + Nomen im Nominativ

„Ich habe zwei Tore geschossen!" –
„Du bist ein Held!"

(☞ Kasus nach Verben und Präpositionen, Seite 22).

sein + Pronomen *das*

„Was ist denn das da?“ –
„Das ist eine Laterne.“

sein + lokale Ergänzung (Ort)

„Bist du oben, Schatz?“ – „Ich bin im Keller!“

sein + Material

„Dieser Stuhl ist aus Holz und Leder.“

Es gibt ein paar spezielle Ausdrücke mit *sein*. Sie sind wichtig. Man sollte sie sich merken.

auf sein

da sein

weg sein

dabei sein

los sein

zusammen sein

... (Jahre) alt sein

„Ich bin einkaufen."

„Wie ist/war es?"

	Präsens	Präteritum	Perfekt
ich	bin	war	bin gewesen
du	bist	warst	bist gewesen
er, es, sie	ist	war	ist gewesen
wir	sind	waren	sind gewesen
ihr	seid	wart	seid gewesen
sie, Sie	sind	waren	sind gewesen

Sein hat verschiedene Funktionen, die man später noch kennenlernen wird.
Die wichtigste Funktion, die man jetzt schon kennenlernen sollte:
Mit *sein* bildet man das Perfekt einiger Verben.

(☞ Perfekt (II): das Perfekt mit *sein*, Seite 75).

2. *haben*

„Hast du 5 Euro für mich.
Ich habe kein Geld für eine Fahrkarte."

haben + Nomen im Akkusativ

Einen Satz mit *sein* + Adjektiv kann man oft auch mit *haben* + Nomen bilden:

„Seid ihr durstig oder hungrig?" –
„Wir haben Durst und Hunger."

haben + Nomen im Akkusativ

Es gibt ein paar spezielle Ausdrücke mit *haben* (+ es).
Man sollte sie sich merken:

es eilig haben

Sabine hat es eilig.

es leicht haben

Lisa hat es leicht.

es schwer haben

Der arme Andi hat es schwer.

Geburtstag haben

Lisa hat bald Geburtstag.

Merke: Mit *haben* drückt man auch **höflich** einen Wunsch aus:
Ich hätte gern eine Cola.

(☞ Modalverben (IV): *wollen* und „*möchten*", Seite 89)

	Präsens	Präteritum	Perfekt
ich	habe	hatte	habe gehabt
du	hast	hattest	hast gehabt
er, es, sie	hat	hatte	hat gehabt
wir	haben	hatten	haben gehabt
ihr	habt	hattet	habt gehabt
sie, Sie	haben	hatten	haben gehabt

Mit *haben* bildet man auch das Perfekt von den meisten Verben.

(☞ Perfekt (I): das Perfekt mit *haben*, Seite 70).

3. *werden*

Mit *werden* drückt man einen Prozess aus:

„Unser Sohn studiert gerade fleißig, er wird Arzt."

werden + Nomen im Nominativ

„Ich bin noch nicht groß, aber ich werde täglich größer. Bald werde ich schon 10 Jahre alt."

werden + Adjektiv

Merke: Mit *werden* drückt man auch **höflich** einen **Wunsch** aus: Würden Sie mir bitte helfen?
☞ Modalverben (IV): *wollen* und „*möchten*", Seite 89)

Eine weitere Funktion von *werden* ist die **Passiv**-Form. Man findet sie in Sätzen wie: Das Auto wird / Die Autos werden repariert. – Es ist noch nicht nötig, diese Form selbst anzuwenden. Es genügt, sie zu verstehen. Der Satz bedeutet: **Man** repariert das Auto / die Autos **gerade**.

	Präsens	Präteritum	Perfekt
ich	werde	wurde	bin geworden
du	wirst	wurdest	bist geworden
er, es, sie	wird	wurde	ist geworden
wir	werden	wurden	sind geworden
ihr	werdet	wurdet	seid geworden
sie, Sie	werden	wurden	sind geworden

1. Bedeutung

Lassen als Hauptverb:

mit etwas **aufhören**

„Bitte lass* das! Keine Musik beim Essen!“

jemand **nicht stören**

„Lasst* mich jetzt bitte in Ruhe!“

etwas oder jemand **nicht mitnehmen**

„Ich habe meinen Schirm zu Hause gelassen!“

*(☞ Imperativsatz, Seite 168)

Lassen als Hilfsverb = zusammen mit einem anderen Verb:

etwas oder jemand **nicht mitnehmen**

„Weil heute Stau ist, habe ich mein Auto an der U-Bahn stehen lassen."

etwas (nicht) **erlauben**

„Meine Mutter lässt mich nicht mit dem Fahrrad zur Schule fahren!"

etwas **nicht selbst machen**

„Das Tablet ist kaputt. Ich lasse es reparieren."

2. Formen

	Präsens	Perfekt **ohne** / **mit** zweitem Verb
ich	lasse	habe gelassen / ... lassen
du	lässt	hast gelassen / ... lassen
er, es, sie	lässt	hat gelassen / ... lassen
wir	lassen	haben gelassen / ... lassen
ihr	lasst	habt gelassen / ... lassen
sie, Sie	lassen	haben gelassen / ... lassen

3. Position im Satz

Wenn *lassen* Hilfsverb ist, es also ein zweites Verb im Satz gibt, dann stehen am Satzende beide Verben im Infinitiv:

			Partizip Perfekt	**doppelter Infinitiv**
Ich	habe	das Auto zu Hause	gelassen.	
Ich	habe	das Auto		reparieren lassen.

Man **findet etwas** oder **jemand gut**? Es gibt verschiedene Verben und Ausdrücke, mit denen man seine Sympathie oder Zustimmung ausdrücken kann:

1. Verben und Ausdrücke mit Akkusativ

mögen

drückt aus, dass man jemanden oder etwas **gut findet**

„Ich mag Katzen. Und du?" –
„Ich mag Hunde lieber."

„**möchten**"*

höfliche Formulierung, um zu sagen, was man **gerne will**

„Ich möchte eine zweite Katze."

*(☞ Modalverben (IV): *wollen* und „*möchten*", Seite 89)

jemand oder etwas **gern(e)/ lieber/am liebsten haben**

drückt aus, dass man jemanden oder etwas (nicht) **gut finden**

„Büroarbeit zu Hause – das habe ich gar nicht gern!“

etwas **gern(e)/lieber/ am liebsten tun**

eine **Aktivität** mögen

„Am liebsten würde ich jetzt einfach nichts machen!“

lieben

sagt man, wenn man etwas oder jemand **sehr, sehr gerne mag**

„Ich liebe Marmorkuchen!“

2. Verben und Ausdrücke mit Dativ

etwas oder jemand **gefällt** jemandem

jemand oder etwas **gut** oder **schön finden**

„Wie gefällt dir der Film?“

etwas **schmeckt** jemandem

ein **Getränk** oder **Essen** **gut finden**

„Der Film ist gut, aber das Popcorn schmeckt mir gar nicht!“

⚠ Bei Essen und Trinken verwendet man *schmecken* und **nicht** *gefallen*.

Im Münchener Hauptbahnhof kommen viele Menschen an. Einige Menschen steigen um und fahren weiter.

Viele Verben in der deutschen Sprache können eine trennbare Vorsilbe bekommen, zum Beispiel *an*-, *um*- oder *weiter*-. Durch sie entsteht ein neues Verb:

- *an*- + kommen → ankommen
- *um*- + steigen → umsteigen
- *weiter*- + fahren → weiterfahren

1. Die trennbaren Vorsilben

ab-

Dieser Zug fährt gerade ab.

an-

Dieser Zug kommt gerade an.

auf-

Die Türen gehen automatisch auf.

aus-

Viele Passagiere steigen aus.

ein-

Neue Passagiere steigen ein.

her-

Die Menschen kommen von überall her.

hin-

„Ich muss jetzt zum Bahnhof. Kannst du mich bitte hinbringen?"

los-

„Es ist schon spät, hoffentlich fährt der Zug nicht ohne mich los!"

mit-

Die kleine Dana kommt mit.

nach

Herr Panahi kommt in einer Woche nach.

um-

„Sie müssen in Frankfurt umsteigen."

vor-

Sie schlägt vor, dass Dana schläft.

vorbei-

Die Panahis kommen an Ingolstadt, Nürnberg, Erlangen und Würzburg vorbei.

weg-

Frau Panahi wirft den Abfall weg.

weiter-

Der Zug hält in Hannover und fährt dann weiter nach Hamburg.

zu-

Der Zugbegleiter macht die Türen zu.

zusammen-

„Wir müssen jetzt zusammenpacken."

zurück-

Dana hat ihre Puppe zurückgelassen.

Merke: Es gibt in der deutschen Sprache auch noch Verben mit den Vorsilben *be-*, *emp-*, *ent-*, *er-*, *ge-*, *miss-*, *zer-*, *ver-*. Diese Vorsilben sind **nicht trennbar**:

Er **ver**steht dich.
Wir **emp**fehlen dieses Restaurant.
Dieses Kleid **ge**fällt mir.

Verben mit **nicht trennbarer Vorsilbe** haben oft eine völlig andere Bedeutung als dieselben Verben ohne Vorsilben. Die lernt man nach und nach kennen:

Ich **besuche** dich. – Ich suche dich.

Max sucht Thomas.

Max besucht Thomas.

2. Position der trennbaren Verben im Satz

	Position 2		Satzende	
Wann	reist	ihr	ab?	**Präsens** einfach
Wir	müssen	morgen	abreisen.	... mit Modalverb
Mein Bruder	plant,	erst übermorgen	abzureisen.	... mit Infinitiv mit *zu*
Meine Eltern	sind	schon gestern	abgereist.	**Perfekt**

(☞ Hauptsatz: Verbposition, Seite 158)

Reflexive Verben verwendet man zusammen mit der richtigen Form des Wortes *sich*.

Man unterscheidet Verben, die das Reflexivpronomen *sich* dabeihaben **müssen**, und Verben, die *sich* dabeihaben **können**.

1. Immer mit *sich*

Diese Verben gibt es **nur** reflexiv:

sich beeilen

„Ich muss mich beeilen!“

sich freuen

„Ich freue mich, dass du kommst.“

sich kümmern

Frau Weber kümmert sich oft um ihre alte Tante.

Ebenso: *sich ausruhen*, *sich beschweren*, …

2. Manchmal mit *sich*

Diese Verben kann man ohne oder mit *sich* verwenden. Bei diesen Verben ersetzt das Reflexivpronomen das Akkusativobjekt. Es zeigt an, dass sich die Tätigkeit auf das **Subjekt** bezieht und nicht auf eine andere Person:

Frau Weber meldet Sabine beim Zahnarzt an.

= Frau Weber macht den Termin für **Sabine**.

Frau Weber meldet sich beim Zahnarzt an.

= Frau Weber macht den Termin für **Frau Weber**.

Ebenso: *(sich) anziehen*, *(sich) ausziehen*, *(sich) duschen*, *(sich) schneiden*, *(sich) setzen*, *(sich) umziehen*, *(sich) verletzen*, *(sich) vorstellen*, *(sich) waschen*, …

Bei einigen Verben **ergänzt** das Reflexivpronomen das Akkusativobjekt.
Es steht dann im **Dativ**.

„Ich kaufe jetzt ein Eis!“

= Max kauft ein Eis.
Man weiß nicht, für wen.
Vielleicht für Lisa?

„Ich kaufe mir jetzt ein Eis!“

= Max kauft das Eis **für Max** (und nicht für eine andere Person).

Ebenso: *(sich) anziehen*, *(sich) ausziehen*, *(sich) duschen*, *(sich) setzen*, *(sich) verletzen*, *(sich) waschen*, ...

Manche dieser Verben haben eine **veränderte Bedeutung**,
wenn das Reflexivpronomen das Akkusativobjekt **ersetzt**:

ärgern

Max ärgert Lisa.

= Max tut etwas, was Lisa böse macht.

sich ärgern

Max ärgert sich über Lisa.

= Max ist böse auf Lisa.

treffen

„Ich habe gestern in der Stadt unseren alten Chef getroffen."

= Herr Weber ist seinem alten Chef zufällig begegnet.

sich treffen

„Nächste Woche treffen wir uns und trinken ein Bier."

= Das Treffen ist geplant.

erinnern

Frau Weber erinnert Sabine an den Termin beim Zahnarzt.

= Frau Weber sorgt dafür, dass Sabine den Termin nicht vergisst.

sich erinnern

„Klar erinnere ich mich an den Termin! Um 13 Uhr, oder?"

= Sabine hat den Termin nicht vergessen.

fühlen

Frau Weber fühlt, dass Sabine leichtes Fieber hat.

= Frau Weber fasst Sabine mit der Hand an.

sich fühlen + Ergänzung *gut/schlecht/besser/* ...

„Ich fühle mich heute gar nicht gut."

= Sabine geht es schlecht.

Bei manchen Verben drückt das Reflexivpronomen **Gegenseitigkeit** aus.
Dann gibt es immer mehr als ein **Subjekt** und der Ausdruck steht im **Plural**:

sich lieben / sich küssen

Frau und **Herr Weber** lieben und küssen sich.

= Er liebt und küsst sie, sie liebt und küsst ihn.

sich kennen

Stefan und sein Freund **Henrik** kennen sich schon lange.

= Stefan kennt Henrik und Henrik kennt Stefan seit vielen Jahren.

3. Formen

Normalerweise steht das Reflexivpronomen im Akkusativ:

	immer reflexiv	manchmal reflexiv	**Reflexivpronomen im Akkusativ**
ich	freue	wasche	mich
du	freust	wäschst	dich
er, es, sie	freut	wäscht	sich
wir	freuen	waschen	uns
ihr	freut	wascht	euch
sie; Sie	freuen	waschen	sich

In zwei Fällen kann das das Reflexivpronomen im Dativ stehen:

Wenn es schon ein **Akkusativobjekt** im Satz gibt:

Ich wasche mich jeden Morgen.
Heute wasche ich mir auch **die Haare**.

Wenn es einen **dass-Satz** gibt:

Ich wünsche mir, **dass bald Ferien sind**.

		Reflexivpronomen im Dativ	**Akkusativobjekt**
ich	wasche	mir	die Haare.
du	wäschst	dir	
er, es, sie	wäscht	sich	
wir	waschen	uns	
ihr	wascht	euch	
sie, Sie	waschen	sich	

Merke: Dativ und Akkusativ unterscheiden sich nur in der 1. und 2. Person Singular.

4. Position im Satz

	Position 2				
Sabine	fühlt		sich	heute nicht gut.	im Hauptsatz nach dem konjugierten Verb ...
Heute	fühlt		sich	Sabine nicht gut.	
Heute	fühlt	sie	sich	nicht gut.	... aber **nach** dem Personalpronomen

Ich habe gehört,	**dass** sich Sabine nicht so gut fühlt.	im Nebensatz nach dem **Verbindungswort**, das den Nebensatz einleitet, z. B. ***dass*** ...
Ich habe gehört,	dass sie sich nicht so gut fühlt.	... aber **nach** dem Personalpronomen

(☞ Verbposition im Hauptsatz, Seite 158)
(☞ Hauptsatz und Nebensatz mit *dass*, Seite 165)

Man möchte ausdrücken,
- **wo** jemand oder etwas ist,
- **wohin** jemand oder etwas geht/fährt/fliegt,
- **woher** jemand oder etwas kommt.

Dann braucht man in der deutschen Sprache die richtige lokale Präposition.
Eine Präposition ist ein kleines Wort vor dem Nomen. *Lokal* bedeutet *auf den Ort bezogen*.
Man sollte jede Präposition mit dem speziellen Fall lernen, in dem das Nomen danach stehen muss, denn nur so kann man die richtige Form des Artikelwortes bilden. Dort wo die Form sich ändert, färben wir die Endung des Artikelwortes rot:

	Präposition	Artikelwort + Nomen (im Akkusativ oder Dativ, mit Artikelwort davor)
Die Kinder laufen	durch (+ Akkusativ)	das Zimmer.
Die Kinder kommen	aus (+ Dativ)	dem Zimmer.

Die Kinder laufen durch das Zimmer.

Die Kinder kommen aus dem Zimmer.

1. Lokale Präpositionen mit Akkusativ

Diese Präpositionen drücken eine Bewegung aus: *durch*, *gegen*, *um*.

durch

Der Käfer läuft durch den Kasten.

gegen

Er läuft gegen den Kasten.

um ... (herum)

Er läuft um um die Säule (herum).

(☞ Kasus nach Verben und Präpositionen, Seite 22)

2. Lokale Präpositionen mit Dativ

Einige drücken eine Bewegung aus: *an ... vorbei*, *aus*, *nach*, *von*, *zu*.
Einige drücken eine Position aus: *bei*, *gegenüber*.

aus

Der Käfer kommt aus dem Kasten.

an ... vorbei

Er läuft am Kasten vorbei.

Merke: an + dem = am

bei

Beim Kasten steht eine Ameise und wartet.

Merke: bei + dem = beim

gegenüber

Der Käfer sitzt gegenüber der Ameise.

nach

Der Käfer fliegt nach oben.
Die Ameise geht nach Westen.

von

Die Ameise fällt vom Kasten.

Merke: von + dem = vom

(☞ Dativ, Seite 21)

zu

Der Käfer läuft zur Ameise.

Merke: zu + der = zur

Merke:	an ... vorbei	bei	von	zu
der Kasten	a**m** Kasten vorbei	bei**m** Kasten	vo**m** Kasten	zu**m** Kasten
das Haus	a**m** Haus vorbei	bei**m** Haus	vo**m** Haus	zu**m** Haus
die Tür	an der Tür vorbei	bei der Tür	von der Tür	zu**r** Tür

3. Lokale Präpositionen mit Akkusativ und Dativ – Wechselpräpositionen

Einige Präpositionen haben nach der Wo-Frage (= Position) den Dativ und nach der Wohin-Frage (= Bewegung in eine Richtung) den Akkusativ:
an, *auf*, *in*, *hinter*, *neben*, *über*, *unter*, *vor*, *zwischen*.

Wohin? AKKUSATIV

an

Der Käfer stellt sich an den Kasten.

auf

Der Käfer fliegt auf den Kasten.

in

Der Käfer fliegt in den Kasten.

Wo? DATIV

Jetzt steht er am Kasten.

Merke: an + dem = **am**

Jetzt sitzt er auf dem Kasten.

Jetzt ist er im Kasten.

Merke: in + dem = **im**

Merke:	an + Akkusativ	an + Dativ	in + Akkusativ	in + Dativ
der Kasten	an den Kasten	am Kasten	in den Kasten	im Kasten
das Haus	ans Haus	am Haus	ins Haus	im Haus
die Tür	an die Tür	an der Tür	in die Tür	in der Tür

Wohin?

AKKUSATIV

hinter

Der Käfer läuft
hinter den Kasten.

neben

Der Käfer läuft
neben den Kasten.

über

Der Käfer fliegt
über den Kasten.

Wo?

DATIV

Jetzt steht er
hinter dem Kasten.

Jetzt sitzt er
neben dem Kasten.

Jetzt kreist er
über dem Kasten.

Wohin?

AKKUSATIV

unter

Der Käfer läuft
unter den Kasten.

vor

Der Käfer stellt sich
vor den Kasten.

zwischen

Der Käfer stellt sich
zwischen den Kasten
und den Ball.

Wo?

DATIV

Jetzt ist er
unter dem Kasten.

Jetzt sitzt er
vor dem Kasten.

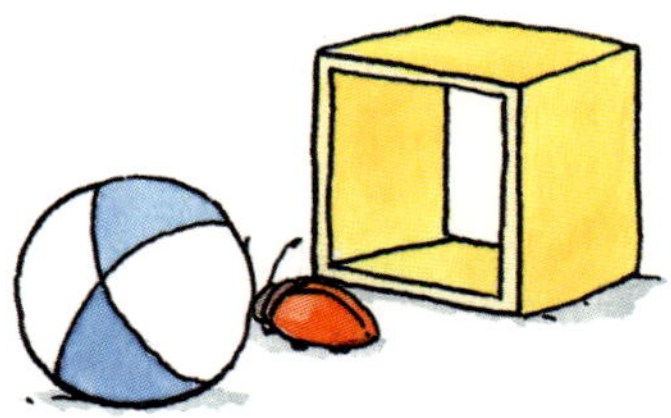

Jetzt liegt er zwischen
dem Kasten und dem Ball.

4. Ausdrücke, die man sich merken sollte

Wohin?	Wo?	Woher?
nach	**in**	**aus**
Ich fliege nach München/Italien/Europa …	Ich lebe in München/Italien/Europa …	Ich komme aus München/Italien/Afrika …
⚠ Ich fahre in die Schweiz/Türkei/Ukraine / die USA.	⚠ Ich lebe in der Schweiz/Türkei/Ukraine / den USA.	⚠ Ich komme aus der Schweiz/Türkei/Ukraine / den USA.

zu

Stefan geht zum Arzt.

bei

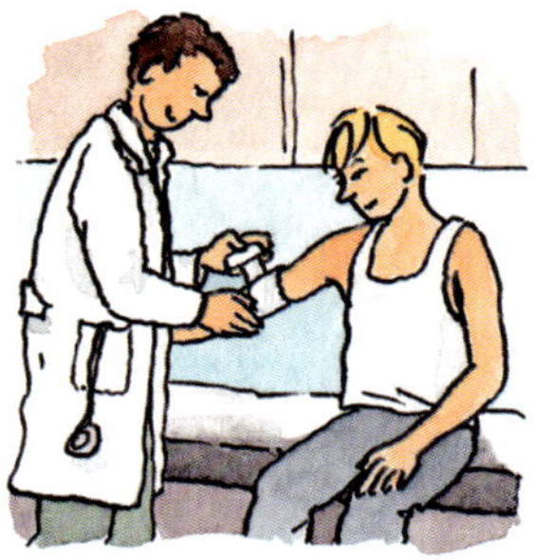

Stefan ist beim Arzt.

von

Stefan kommt vom Arzt.

nach Hause

Lisa geht nach Hause.

zu Hause

Lisa ist zu Hause.

Wenn man sagen will, **wann** jemand etwas tut oder etwas geschieht, braucht man eine temporale Präposition. Eine Präposition ist ein kleines Wort vor dem Nomen. *Temporal* bedeutet *auf die Zeit bezogen*. Von der Präposition hängt ab, ob das Nomen danach im Akkusativ oder Dativ steht.
Man sollte jede Präposition mit dem speziellen Fall lernen, in dem das Nomen danach stehen muss, denn nur so kann man die richtige Form des Artikelwortes bilden. Dort, wo die Form sich ändert, ist die Endung des Artikelwortes rot:

	Präposition	Artikelwort + Nomen (im Akkusativ oder Dativ)
Ich verreise	für (+ Akkusativ)	einen Monat.
Er wohnt hier	seit (+ Dativ)	dem 23. August.

(☞ Kasus nach Verben und Präpositionen, Seite 22)

1. Temporale Präpositionen mit Dativ:
an, in, vor, nach, seit, ab, von … bis (zu), bei, während

„Sag mal Mama, wann genau kommst du zu uns?"

„Am 23. März, also am nächsten Freitag, und zwar am frühen Abend."

an/am	+ Dativ	Tag	am Donnerstag, am Wochenende
		Tageszeit	am Tag/Morgen/Vormittag/Nachmittag/Abend ⚠ in der Nacht
		Datum	am 23.6., am 2. Juni 1982

Merke: an + dem = am

(☞ Lokale Präpositionen, Seite 122)

„Im Winter gehe ich immer Skifahren. In einer Woche geht es los."

in/im	+ Dativ	irgendwann in einem Zeitraum	im letzten Mai, im Frühling
		Zeitpunkt in der Zukunft	in der nächsten Woche, in einem Monat

Merke: in + dem = im

zehn vor zehn

zehn nach zehn

vor	+ Dativ	··········●*	vor dem Urlaub, vor halb acht
nach		●··········	nach drei Jahren, nach der Schule

*genanntes Ereignis, bestimmter Zeitpunkt

„Schrecklich, es regnet schon seit einer Woche. Was sagt denn der Wetterbericht" – „Ab morgen soll es besser werden."

seit	+ Dativ	··········●·········· x*	Zeitraum, Vergangenheit bis jetzt	seit Donnerstag, seit dem letzten Jahr
ab		x ··········●··········	Zeitraum, Beginn in der Zukunft	ab Dienstag, ab dem 21. Juni

*x = jetzt

Die Praxis ist vom 8.2. bis zum 22.2. geschlossen.

von … bis (zu)	+ Dativ	● ———→ ●	Beginn und Ende	von Dienstag bis Donnerstag vom ersten bis zum dritten Mai
bis zu		———→ ●	Endpunkt	bis zum Abendessen

Merke: von + dem = vo**m**, zu + dem = zu**m**

(☞ Lokale Präpositionen, Seite 120)

Sogar beim Zähneputzen hört sie Musik.

bei	+ Dativ	....	gleichzeitig	beim Kochen, bei der Arbeit
während		....		während dem Frühstück, während der Pause

bei + dem = bei**m**

Merke: In der Schriftsprache verwendet man mit *während* einen anderen Kasus, den Genitiv.

(☞ Kasus im Satz, Seite 21)

2. Temporale Präpositionen mit Akkusativ: *um*, *bis*, *für*, *über*

„Bitten holen Sie uns um viertel vor 11 hier wieder ab.“

um	+ Akkusativ	●	genaue Uhrzeit	um 18.25 Uhr, um halb neun

„Bis wann ist das Rad fertig?" –
„Bis nächsten Freitag."

bis	+ Akkusativ	——→ ●	Endpunkt	bis nächste Woche, bis sieben Uhr

Merke: bis nur allein, wenn es kein Artikelwort gibt, sonst bis zu + Dativ verwenden.

über	+ Akkusativ	·········|····	länger als	über eine halbe Stunde, über einen Monat
		···············	besonderer Zeitraum	über Weihnachten, über die Feiertage

für	+ Akkusativ	**x*** ···········	Zeitraum, meistens in der Zukunft	für einen halben Tag, für zwei Wochen, für eine lange Zeit

*__x__ = jetzt

Man möchte ausdrücken,

- **warum** etwas so ist oder **warum** jemand etwas macht,
- **was gegen** das spricht, was jemand gerade macht,
- **wozu** / **wofür** / **für wen** etwas ist oder jemand etwas tut,
- **wie** etwas ist oder **wie** / **womit** jemand etwas macht?

Dann braucht man die richtige Präposition. Eine Präposition ist ein kleines Wort vor dem Nomen. Man sollte jede Präposition mit dem speziellen Fall lernen, in dem das Nomen danach steht:

	Präposition	Artikelwort + Nomen (Akkusativ oder Dativ)
Die Mutter kocht	für	die Familie.
Die Kinder fahren	mit	dem Rad.

1. Kausale Präposition *wegen* mit Dativ

Kausal bedeutet, dass diese Präposition einen **Grund** ausdrückt:
Warum ist etwas so, oder **warum** macht jemand etwas (so)?

Merke: In der Schriftsprache verwendet man einen anderen Kasus, den Genitiv. (☞ Kasus im Satz, Seite 21)

2. Konzessive Präposition *trotz* mit Dativ

Konzessiv bedeutet:
Diese Präposition drückt einen **Gegengrund** aus:
Was spricht **gegen** das, was ich gerade mache?

Merke: In der Schriftsprache verwendest du einen anderen Kasus, den Genitiv.
(☞ Kasus im Satz, Seite 21)

3. Finale Präpositionen *für* mit Akkusativ und *zu* mit Dativ

Final bedeutet: Diese Präpositionen drücken ein **Ziel**, einen **Zweck** aus oder nennen einen **Adressaten**: **Wozu / Wofür / Für wen** ist das oder tut jemand etwas?

Merke: Zu verwendet man, wenn man aus einem Verb im Infinitiv ein Nomen bildet, zum Beispiel wandern → zum Wandern.
zu + dem = zum, zu + der = zur

4. Modale Präpositionen mit Dativ und Akkusativ

Modal bedeutet: Diese Präpositionen drücken die **Art und Weise** aus.
Wie ist etwas oder **wie** mache ich etwas?

auf + Dativ

aus + Dativ

außer + Dativ

mit + Dativ

ohne + Akkusativ

statt + Dativ

Merke: In der Schriftsprache verwendest du bei statt einen anderen Kasus, den Genitiv.

(☞ Kasus im Satz, Seite 21)

Mit einem Lokal- und Direktionaladverb kann man ausdrücken,

- **wo** jemand oder etwas ist,
- **wohin** jemand oder etwas sich bewegt,
- **woher** jemand oder etwas kommt.

Lokal bezieht sich auf den **Ort** und *direktional* auf die **Richtung**.

Das Adverb hat immer die gleiche Form.

1. Bedeutung

Wo?

hier

da / dort

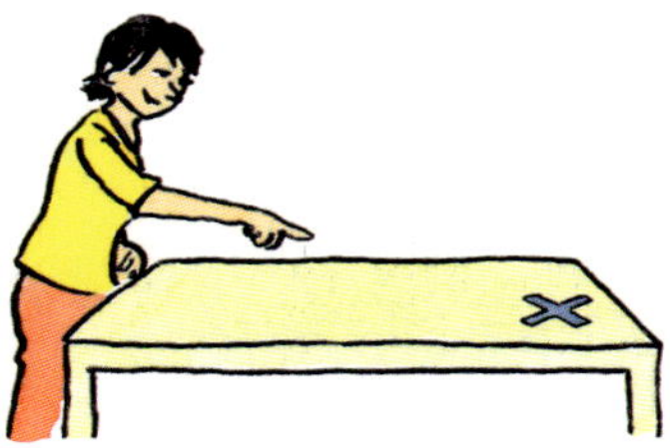

Wohin?

hierhin

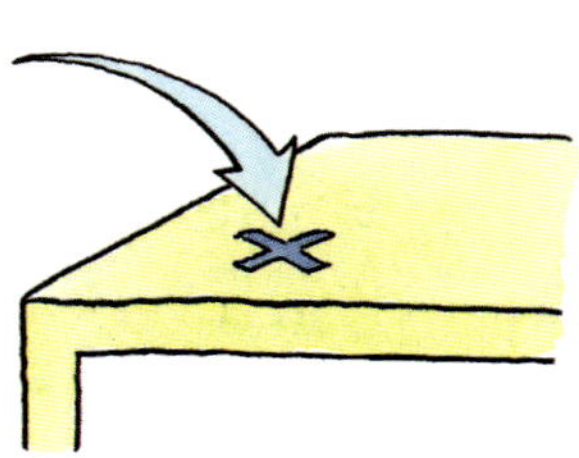

dahin / dorthin

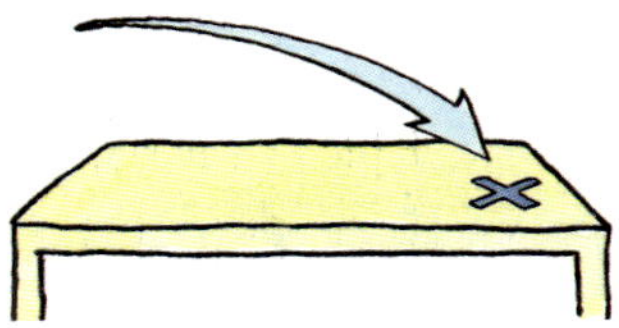

Woher?

von hier

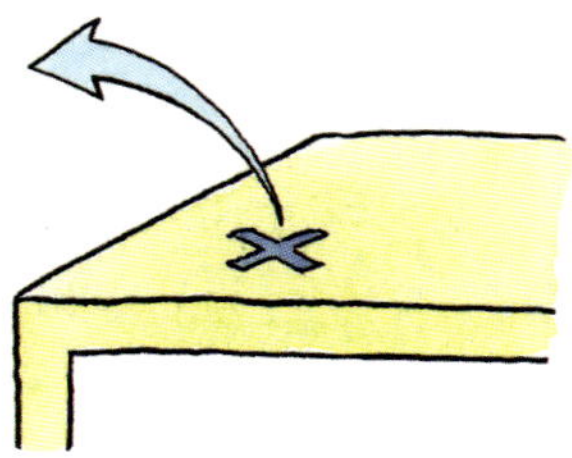

von da / von dort

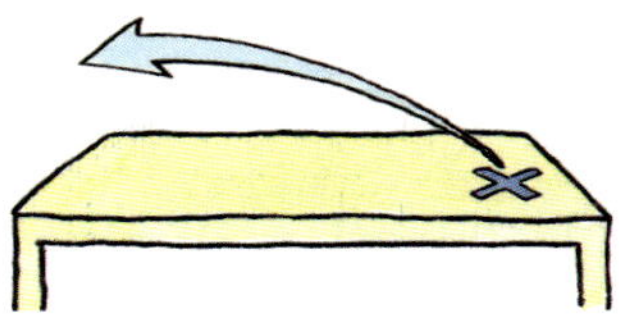

oben

nach oben

von oben

unten

nach unten

von unten

vorn(e)

nach vorn(e)

von vorn(e)

hinten

nach hinten

von hinten

draußen

nach draußen

von draußen

drinnen

nach drinnen

von drinnen

links

nach links

von links

rechts

nach rechts

von rechts

geradeaus

vor

zurück

2. Kombination von zwei Lokaladverbien

Dieses Haus ist zu verkaufen.
Links oben ist ein Schlafzimmer.
Rechts unten ist die Küche.
Der freie Parkplatz da vorne gehört zum Haus.

3. *hin*- und *her*- + Verb

hin-

her-

hinbringen

herkommen

hinaufgehen

Mimi geht die Treppe hinauf.

heruntergehen

Mimi geht die Treppe herunter.

Merke: In der gesprochenen Sprache steht oft ein *r* für beide Richtungen: *rauf*, *runter*, *raus*, *rein*, *rüber*, ...

(☞ Trennbare Verben, Seite 107)
(☞ Lokale Präpositionen, Seite 118)

Mit einem Temporaladverb kann man ausdrücken,
- **wann** (Zeitpunkt),
- **wie oft** (Wiederholung),
- und in **welcher Reihenfolge**

jemand etwas tut.

Das Temporalverb hat immer die gleiche Form.

1. Zeitpunkt

vorgestern / gestern / heute / morgen / übermorgen

gerade

„Wir können erst um 3 Uhr Rad fahren.
Ich mache gerade Hausaufgaben."

jetzt

„Bist du mit den Hausaufgaben fertig?" –
„Ja. Ich fahre jetzt Rad mit Yasemine."

sofort / gleich

„Schalte sofort dein Handy aus!" –
„Ich bin gleich fertig!"

bald

„Bald habe ich Geburtstag.
Noch vier Monate."

früh / früher

Herr Weber muss früh aufstehen,
Frau Weber noch früher.

spät / später

„Gestern bist du so spät nach Hause gekommen,
erst um 7 Uhr." – „Heute komme ich noch später:
Ich muss bis 8 Uhr arbeiten."

2. Wiederholung

morgens

Morgens (= jeden Morgen)
geht die Sonne auf.

mittags

Mittags (= jeden Mittag)
steht die Sonne hoch.

abends

Abends (= jeden Abend)
geht die Sonne unter.

tagsüber

Tagsüber (= immer am Tag)
ist es hell.

nachts

Nachts (= jede Nacht)
ist es dunkel.

immer **meistens** **oft** **manchmal** **selten** **nie**

100 % 0 %

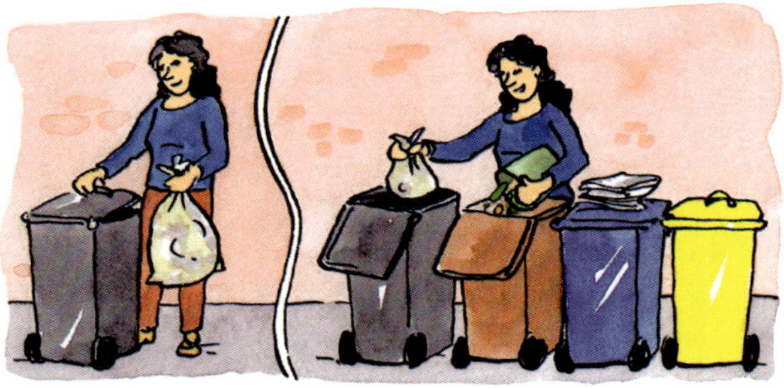

„Früher habe ich den Müll nie getrennt. Jetzt tue ich es immer."

3. Reihenfolge

zuerst / dann / zuletzt

„Zuerst schwimmen, dann eine große Portion Spaghetti, zuletzt ein Eis!"

(Zur Position im Satz: ☞ Hauptsatz, Seite 158)

Graduierung bedeutet, dass man ein Satzelement **betont**.
Durch einen zusätzlichen Ausdruck, der links von einem Nomen, Adjektiv oder Adverb steht, kann man dieses Element

- **verstärken** (++/+),
- **abschwächen** (- -/-) oder
- **einschränken**.

1. Verstärkung: *besonders*, *wirklich*, *ganz*, *ziemlich*

„Das war ein sehr spannender Film, besonders spannend war das Ende!“

„Mir hat besonders Leonardo di Caprio gefallen!“

„Das Ende war wirklich gut gemacht.“

„Die Dialoge waren ziemlich lustig.“

Verstärkung

sehr	++
besonders	++
wirklich	++
ziemlich	+

2. Abschwächung: *nicht so*, *nicht so besonders*, *ganz*, *gar nicht*

„Aber die eine Schauspielerin war nicht so gut!“

„Ja, ich fand die auch nicht so besonders!“

nicht so	-
nicht (so) besonders	-
gar nicht	--

„Und gar nicht gut war der Anfang.“

Den Ausdruck *nicht* (*so*) *besonders* kann man mit und ohne Adjektiv verwenden:
nicht (so) besonders – nicht (so) besonders gut.

3. Verstärkung oder Abschwächung: *ganz*

Bei *ganz* hängt die Bedeutung auch von der **Betonung** ab:

++ (betont)

„Ganz toll fand ich die Filmmusik!“

-- (betont)

„Stefan fand den Film ganz schlecht.“

+ (unbetont)*

„Meine Mutter fand den Film ganz O.K. Nicht super, aber auch nicht schlecht.“

*In der unbetonten Verwendung ist *ganz* identisch mit *ziemlich*.

4. Einschränkung: *nur*, *erst*, *schon*

nur

„Es sind nur 2 Personen vor Ihnen dran.
Nur diese beiden Patientinnen.
Sie müssen nur 10 Minuten warten.
So wenig ist nur selten bei uns los."

- nicht mehr als
- niemand anders als
- nicht länger als
- Sonderfall, Ausnahme

erst

„Es ist erst 6 Uhr! Du wachst doch normalerweise erst um 7 auf!" –
„Ich habe schon Hunger!" –
„Frühstück gibt es erst um 8!"

- früher als erwünscht oder erwartet
- nicht früher als

schon

Gegenteil von **erst**

Tipp: Es ist nicht leicht, zwischen *nur* und *erst* zu unterscheiden.
Das Gegenteil von *schon* ist **immer** *erst*, nicht *nur.*

Mit einer Kardinalzahl gibt man eine Menge an.
Man antwortet damit normalerweise auf die Frage *Wie viel(e)?*

„Also, für die Reise brauche ich zwei lange Hosen, einen Rock, drei T-Shirts, …“

„… zwölf, dreizehn, vierzehn, …“

„Sie haben Zimmer dreihundertsiebenundvierzig.“

1. Zahlen von *1* bis *1.000.000.000*

0 null	10 zehn	20 zwanzig	100 (ein)hundert
1 eins	11 elf	21 ein**und**zwanzig	101 (ein)hundert(und)eins …
2 zwei	12 zwölf	22 zwei**und**zwanzig …	200 zweihundert …
3 drei	13 dreizehn	30 dreißig	1.000 (ein)tausend
4 vier	14 vierzehn	40 vierzig	2.000 zweitausend
5 fünf	15 fünfzehn	50 fünfzig	10.000 zehntausend
6 sechs	16 sechzehn	60 sechzig	100.000 (ein)hunderttausend
7 sieben	17 siebzehn	70 siebzig	1.000.000 eine Million
8 acht	18 achtzehn	80 achtzig	1.000.000.000 eine Milliarde
9 neun	19 neunzehn	90 neunzig	

⚠ *eins*, aber ***ein****undzwanzig*, ***ein****unddreißig*, …

Merke: Bei Zahlen **ab tausend** setzt man oft einen oder mehrere **Punkte** ein.
So kann man die Zahl leichter lesen: 1.000, 1.000.000.

2. Verwendung und Formen

69 → neunundsechzig

96 → sechsundneunzig

„Wie war die Nummer am Ende?
Neunundsechzig oder sechsundneunzig?
Sechs neun oder neun sechs?"

„Für ein**en** Euro bekomme ich nicht viel.
Für zwei oder drei Euro könnte ich mehr kaufen!"

(☞ Artikelwörter (I): Seite 27)

Bei *eins* **vor einem Nomen**, das eine **Menge** angibt: Das Zahlwort wird an das Nomen angepasst wie ein unbestimmter Artikel.

Ab *zwei* **vor einem Nomen**: Das Zahlwort bleibt unverändert.

Bei Adjektiven, die ein Jahrzehnt angeben:
die zwanziger/20er Jahre
in den dreißiger/30er Jahren
vor den Neunzigern

Das Haus ist aus den
siebziger/70er Jahren / Siebzigern.

Rechnen:
Das Zahlwort bleibt unverändert.
Ausnahme: **Multiplikation**

eins plus eins ist zwei
eins minus eins ist null
ein mal eins ist eins

Geldscheine:
Man hängt *-er* an und bildet so
ein **maskulines Nomen**.

„Können Sie mir bitte diesen Hunderter
wechseln? Ich brauche einen Fünfziger,
einen Zwanziger, zwei Zehner, und zwei Fünfer."

Ordinalzahlen sind Zahlen, die die Position eines Elements in einer Folge angeben. Man verwendet sie zum Beispiel

- beim **Datum** oder
- für eine **Reihenfolge**.

(☞ Kardinalzahlen, Seite 148)

1. Datum

„Welches Datum haben wir heute? Den neunten?“ – „Nein, heute ist der achte.“

Am vierzehnten neunten hatte Max Geburtstag.

(☞ Temporale Präpositionen, Seite 126)

2. Reihenfolge

„Bayern München bleibt auf dem ersten Platz." –
„Aber der zweite Platz ist für Borussia Dortmund!"

„Nein, danke. Das Hotel kennen wir schon. Erstens war es sehr laut, zweitens war das Essen schlecht und drittens war der Strand schmutzig!"

3. Formen

Ordinalzahlen haben

- von *1.* bis *19.* die Endung -*te*
- ab *20.* die Endung -*ste*
- ab *4.* regelmäßig gebildet (Endung wie beim Adjektiv)

(☞ Adjektivdeklination, Seite 52)

Das Adverb hat immer die Endung –*tens*.

1. erste / erstens	30. dreißigste
2. zweite / zweitens	40. vierzigste
3. dritte / drittens	50. fünfzigste
4. vierte / viertens	60. sechzigste
5. fünfte / fünftens	70. siebzigste
6. sechste / ...	80. achtzigste
7. siebte*	90. neunzigste
8. achte	100. (ein)hundertste
9. neunte	101. hundert(und)erste
10. zehnte	102. hundertzweite ...
11. elfte	1.000. (ein)tausendste ...
12. zwölfte ...	10.000. zehntausendste ...
20. zwanzigste	100.000. (ein)hunderttausendste ...
21. einundzwanzigste	1.000. 000. (ein)millionste
22. zweiundzwanzigste ...	

***Merke:** Nicht *sieb~~en~~te*, sondern *siebte*.
(☞ Kardinalzahlen, Seite 148)

1. Brüche

½	die Hälfte, halb-*
⅓	das Drittel
¼	das Viertel
⅛	das Achtel
⅔	zwei Drittel
¾	drei Viertel

„Ich hätte gern ein halbes Vollkornbrot und ein Viertel von dem Weizenbrot."

***Merke:** Nur *die Hälfte* gibt es als Adjektiv mit Endung: *halb*-.

(☞ Adjektivdeklination, Seite 51)

2. Maße und Gewichte

Das Regal ist zweieinhalb/zweikommafünf Meter hoch, einen Meter zweiundfünfzig breit und dreiundsechzig Zentimeter tief.

der Meter

Sabine ist einen Meter fünfundsiebzig (1,75 m) groß.

der Quadratmeter

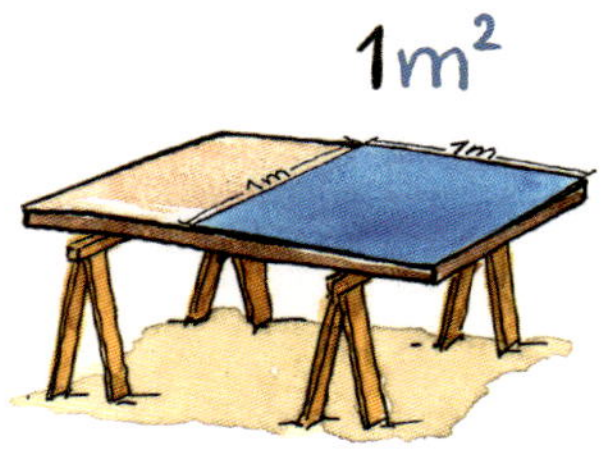

Das ist ein Quadratmeter (1 m²) Tapete.

der Kilometer

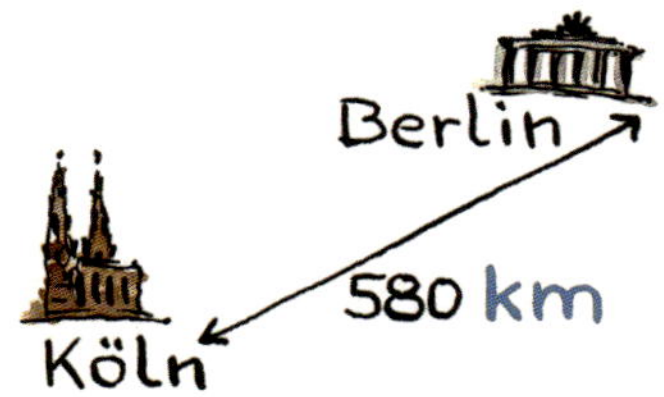

Köln ist fünfhundertachtzig Kilometer (580 km) von Berlin entfernt.

der Liter

ein Liter (1 l)

der halbe Liter

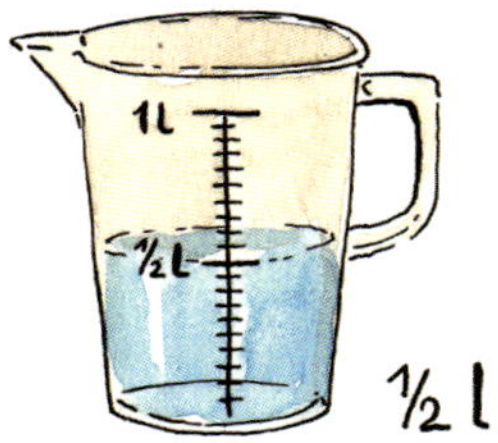

ein halber Liter (½ l)

der Viertelliter

ein Viertelliter / nullkommazweifünf Liter (0,25 l)

das Kilogramm

ein Kilogramm (1 kg)

das Pfund

ein halbes Kilogramm (0,5 kg) / ein Pfund (1 Pfd.)

das Gramm

ein Gramm (1 g)

1. Bedeutung

Es gibt **bejahende Aussagen**, und es gibt **verneinende Aussagen**:

bejahende Aussage

Frau Panahi mag Vollkornbrot sehr.

verneinende Aussage

Herr Panahi mag Vollkornbrot gar nicht.

Negation nennt man die verschiedenen Möglichkeiten, eine bejahende Aussage zu **verneinen**:

-- → nicht

„Diese Mütze gefällt mir nicht."

ein- → kein-

„Meine Tochter möchte keine rote Mütze."

etwas → nichts

„Leider habe ich sonst nichts in dieser Größe."

Merke: *Kein*- verwendet man vor Nomen mit unbestimmtem oder Nullartikel.

(☞ Artikelwörter (I), Seite 27)

immer → **nie**

„Max wäscht sich vor dem Essen nie die Hände."

jemand → **niemand**

„Ist niemand zu Hause?"

irgendwo → **nirgends**

„Ich kann meine Brille nirgends finden!"

Merke: Statt *nirgends* sagt man auch *nirgendwo*.

2. Die Position von *nicht* im Satz

Nicht steht **am Satzende**, aber **vor**:	Lisa gefällt die Mütze nicht.
▪ dem zweiten Verbteil,	Ich rufe nicht an. – Er ist nicht gekommen.
▪ manchen Akkusativergänzungen, wo Objekt und Verb „eng verbunden" sind,	Lisa spielt nicht Gitarre. Max hat nicht Geburtstag.
▪ Verbergänzungen mit Präposition,	Er interessiert sich nicht für Fußball.
▪ Ortsangaben (*wo/wohin/woher*?),	Max geht nicht in die Schule.
▪ Adjektiven.	Sabine ist nicht glücklich.

Wenn man nicht den ganzen Satz verneint, steht *nicht* vor dem **verneinten Satzteil**:
Nicht **Max** hat heute Geburtstag, Stefan hat Geburtstag.
Max hat nicht **heute** Geburtstag, er hat morgen Geburtstag.

Die Anordnung der Satzglieder im Hauptsatz ist flexibel. Durch eine Umstellung wird ein Text abwechslungsreicher und liest sich flüssiger.

(☞ Kasus im Satz, Seite 19)

1. Position 2 und Satzende

An **Position 2** steht im Hauptsatz immer das Verb. Bei zweiteiligen Verbausdrücken (dem Perfekt, trennbaren Verben, Modalverben) steht der zweite Teil am **Satzende**. Dazwischen, im **Mittelfeld**, stehen die restlichen Ergänzungen und Angaben:

Position 1	**Position 2**	**Mittelfeld: Position 3, 4, …**	**Satzende**
Stefan	hat	Lisa heute ein Eis	gekauft.
Lisa	isst	das Eis sofort	auf.
Sie	möchte	gerne noch ein Eis	essen.

2. Position 1 und Position 3

An **Position 1** steht das Subjekt. Wenn ein **anderes Satzglied** **Position 1** besetzt, kommt das Subjekt auf **Position 3**:

	Position 1	**Position 2**	**Mittelfeld: Position 3, 4, …**
Subjekt	Stefan	kauft	seiner Schwester heute ein Eis.
ein **Objekt**	Seiner Schwester	kauft	Stefan heute ein Eis
	Ein Eis	kauft	Stefan heute seiner Schwester.
eine **Angabe**	Heute	kauft	Stefan seiner Schwester ein Eis.
ein **Nebensatz**	Weil er sie mag,	kauft	Stefan heute seiner Schwester ein Eis.

Wenn man

- eine **Information** möchte oder
- jemanden darum **bitten** will, **etwas zu tun**,

dann macht man das mit einem Fragesatz.

Es gibt Fragesätze, die als Antwort ein **Ja** oder **Nein** haben. Hier muss man das Verb an den Satzanfang stellen. Man kann aber auch durch Betonung klarmachen, dass man etwas fragt:

Pos. 1	**Pos. 2**		**Antwort**
Bist	du	Sabine?	- Ja. / Nein.
Du	bist	Sabine?	

Wenn Ja-/Nein-Fragen eine Negation enthalten, lautet die **positive Antwort** *doch*:

Bist	du	nicht	Sabine?	– **Doch**. / Nein.

Es gibt auch Fragesätze, die als Antwort eine **Information** haben. Hier muss man an den Satzanfang ein Fragewort stellen:

Position 1	**Position 2**		**Antwort**
Wer	bist	du?	– Frank.

wer	Wer bist du?	Nominativ
wen	Wen rufst du an?	Akkusativ
wem	Wem gebe ich die Blumen?	Dativ

Außer wer gibt es noch andere wichtige Fragewörter:

was	Was ist das? / Was meint ihr?	Sache	Nominativ / Akkusativ
wann	Wann soll ich die Medizin nehmen?	Zeitpunkt	
warum	Warum immer ich?	Grund	
welcher, welche, welches	Welcher Pullover gefällt dir am besten?	Wahl	*
wie	Wie kommen wir zum Bahnhof? / Wie weit ist es?	Qualität	+ Verb + Adjektiv
wie lange	Wie lange braucht man zu Fuß?	Dauer	+ Adverb
wie oft	Wie oft muss ich die Medizin nehmen?	Häufigkeit	
wie viel	Wie viel Geld hast du dabei?	Menge	Nomen im Singular
wie viele	Wie viele Tabletten soll ich nehmen?	Anzahl	Nomen im Plural
wo	Wo ist der Deutschkurs?	Ort	
wohin	Wohin geht sie?		
woher	Woher kommt er?		

*	**Singular**			**Plural**
	maskulin	feminin	neutral	alle
Nominativ	welcher Mann	welche Frau	welches Kind	welche Leute
Akkusativ	welch**en** Mann	welche Frau	welches Kind	welche Leute
Dativ	welch**em** Mann	welch**er** Frau	welch**em** Kind	welch**en** Leuten

(☞ Kasus im Satz, Seite 19)

Mit einer Satzverbindung kann man zwischen zwei Hauptsätzen eine **Beziehung** herstellen:
Sehr häufig sind *und*, *oder*, *aber*, *denn*, *deshalb* und *dann*.

Sabine tanzt mit Nelson.

\+

Stefan tanzt mit Marie.

=

Sabine tanzt mit Nelson(,) **und** Stefan tanzt mit Marie.

1. Bedeutung

und

Aufzählung

Am Morgen bringt Frau Panahi Dana in die Kita und geht einkaufen.

oder

Alternative

Für das Abendessen will sie Lammfleisch oder ein Huhn kaufen.

aber

Kontrast

Aber sie entscheidet sich für Fisch.

denn

Grund

Denn der Fisch ist frisch und nicht teuer.

deshalb

Folge

Deshalb kauft sie 2 Kilo Fisch.

dann

Reihenfolge

Dann kauft sie noch Gemüse ein.

2. Position im Satz

Hauptsatz 1			**Hauptsatz 2**
	POS 0	**POS 1**	
Sabine hat bald Ferien(,)	und	sie	freut sich auf ihren Urlaub in Berlin.
Sie nimmt den Zug(,)	oder	sie	fährt mit dem Bus.
Sie vergleicht die Preise,	aber	sie	muss das Ticket bald kaufen.
Sie bleibt drei Wochen,	denn	sie	hat viele Pläne.
So ein Urlaub ist teuer,		deshalb	jobbt sie als Kellnerin.
Bald ist das Schuljahr zu Ende,		dann	geht es los!

(☞ Hauptsatz, Seite 158)

Mit einem *dass*-Satz kann man bestimmte Verben und Ausdrücke in einem **Hauptsatz** ergänzen. Diese Ergänzung ist meistens die Antwort auf die Frage ***Was?*** und bildet einen anderen Satztyp, den **Nebensatz**.

(☞ Hauptsatz, Seite 158)

1. Verwendung nach bestimmten Verben und Ausdrücken:

betonen, was man sagt

„Ich **habe** dir schon oft **gesagt**, **dass** Gartenabfall nicht in die graue Tonne kommt!"

eine Meinung formulieren

„Ich **finde**, **dass** du jetzt alt genug dafür bist."

betonen, was man weiß

„Du **weißt**, **dass** Blätter in die grüne Tonne kommen."

Gefühle ausdrücken und beurteilen

Frau Weber **freut sich**, **dass** Lisa die Blätter in die grüne Tonne wirft. Denn sie **findet es wichtig**, **dass** man den Müll richtig trennt.

2. Strukturen im Satz

⚠ Im **Nebensatz** mit *dass* steht das Verb immer am Satzende.

Hauptsatz	**Nebensatz**		
	Nebensatzverbindung		Satzende
Ich glaube nicht,	dass	es heute noch	regnet.

Merke: Zwischen Haupt- und Nebensatz steht immer ein Komma:
Ich glaube nicht, dass …

Man kann auch mit dem Nebensatz beginnen und dann erst den Hauptsatz bilden: **Dass** es heute noch regnet, glaube ich nicht.

Eine Alternative zum *dass*-Satz ist der **Infinitivsatz**. Er ist dann möglich, wenn das **Subjekt** im Nebensatz auch im Hauptsatz vorkommt:
Ich freue mich, dass **ich** dich hier treffe. → Ich freue mich, dich hier zu treffen.
Ich habe **ihn** gebeten, dass **er** mich gleich anruft. → Ich habe ihn gebeten, mich gleich anzurufen.

Mit den Nebensatzverbindungen *als*, *wenn* und *weil* kann man ein bestimmtes **zeitliches** oder **logisches Verhältnis** zwischen Haupt- und Nebensatz ausdrücken.

(☞ Satzverbindungen im Hauptsatz: *und*, *oder*, … , Seite 162)

als → **Zeitpunkt**:
einmal in der Vergangenheit

„Als Sie vor 2 Wochen angerufen haben, war ich im Urlaub."

wenn → **Zeitpunkt**:
einmal in der Zukunft

„Wenn Sie morgen anrufen, bin ich wieder im Urlaub."

(immer) wenn → **Zeitpunkt**:
mehrmals in jeder Zeit

„(Immer) wenn ich anrufe, sind Sie (immer) im Urlaub!"

wenn → **Bedingung**

„Wir können dieses Auto nur kaufen, wenn ich morgen den Job bekomme."

weil → **Grund**

„Weil ich den Job bekommen habe, können wir das Auto kaufen."

(Zu den Satzstrukturen: ☞ Hauptsatz und Nebensatz mit *dass*, Seite 156)

Mit einem Imperativsatz sagt man, dass jemand etwas **tun soll**.
Das Verb steht in der Imperativform.

1. Verwendung

Aufforderung

„Hallo Elif, komm *doch* zum Frühstück!"

Bitte

„Bring *doch bitte* zwei Croissants mit!"

Rat / Tipp / Vorschlag

„Nimm *doch mal* die Croissants von der Hofbäckerei!"

Merke: Es wirkt **freundlicher**, wenn man bei einer Aufforderung und einem Rat, Tipp oder Vorschlag ***doch*** / ***doch mal*** verwendet. Mit ***doch bitte*** wird eine Bitte freundlicher formuliert.

„Komm sofort rein, Mimi!"

2. Formen

***Du*-Form**: du geh~~st~~ → *geh!*
***Ihr*-Form**: ihr geht → *geht!*
***Sie*-Form**: Sie gehen → *gehen Sie!*

		***Du*-Form**	***Ihr*-Form**	***Sie*-Form**
Verben auf *-d/-t/-m/-n:* Stamm + *e*	öffnen	öffne	öffnet	öffnen Sie
Verben mit Vokalwechsel*	nehmen	nimm	nehmt	nehmen Sie
trennbare Verben	herkommen	komm her	kommt her	kommen Sie her
reflexive Verben	sich beeilen	beeil dich	beeilt euch	beeilen Sie sich
sein	sein	sei	seid	seien Sie

*(☞ Verben: etwas tun, Seite 62)

Merke: Bei der höflichen ***Sie*-Form** beendet man den Imperativsatz oft mit einem **Punkt**, nicht mit einem Ausrufezeichen:
Bitte schreiben Sie mir bald.

1. Verwendung

Mit einem Relativsatz gibt man eine **zusätzliche Information** über ein Nomen an. *Relativ* bedeutet hier, dass sich die Zusatzinformation auf das Nomen im Hauptsatz bezieht. So kann man aus zwei Hauptsätzen einen Hauptsatz mit Relativsatz machen.

Satz 1: In der Küche sieht man Stefan.
Satz 2: Stefan **kocht Spaghetti**.

→ In der Küche sieht man Stefan, der Spaghetti kocht.

2. Formen und Satzstellung

Die Zusatzinformation über das Nomen formuliert man in einem Nebensatz (Relativsatz), der **hinter** dem Nomen steht. Man verbindet Haupt- und Nebensatz durch ein *Relativpronomen*. Es richtet sich

- im **Genus** (*der/das/die*) und im **Numerus** (Singular/Plural) nach dem Nomen **davor**: Dort sitzt ein Kind, *das* spielt.
- im **Kasus** nach dem **Verb** des Relativsatzes oder einer **Präposition**: Das ist der Pulli, *den* ich **möchte**. – Das ist das Haus, **vor** *dem* ich sitze.

(☞ Kasus nach Verben und Präpositionen, Seite 26).

Die Formen des *Relativpronomens* sind im Nominativ, Akkusativ und Dativ identisch mit den Formen des **bestimmten Artikels**.
(☞ Artikelwörter (I), Seite 27).

⚠ Im **Dativ Plural** ist die Form anders:
Das Haus gehört **den** Eltern. – Das sind meine Eltern, *denen* das Haus gehört.

maskulin	Nominativ	Das ist mein kleiner Bruder,	*der*	Max heißt.
	Akkusativ		*den*	ich sehr mag.
	Dativ		*dem*	dem ich oft helfe.
neutral	Nominativ	Das ist das Baby meiner Tante Anna,	*das*	Alex heißt.
	Akkusativ		*das*	ich sehr mag.
	Dativ		*dem*	ich einen Schnuller schenke.
feminin	Nominativ	Das ist meine kleine Schwester,	*die*	Lisa heißt.
	Akkusativ		*die*	ich sehr mag.
	Dativ		*der*	ich oft helfe.
Plural	Nominativ	Das sind meine Eltern,	*die*	mich sehr mögen.
	Akkusativ		*die*	ich sehr mag.
	Dativ		*denen*	ich (fast) alles erzähle.

Merke:
- Zwischen Haupt- und Relativsatz steht immer ein Komma:
  Stefan, *der* Spaghetti kocht, hört sein Handy nicht.
- Nach ***alles***, ***etwas***, ***nichts*** steht *was*: Du bist ***alles***, *was* ich habe.
- Bei Plätzen und Orten wahlweise eine Präposition oder nur *wo*:
  Berlin ist die Stadt, *in der* / *wo* ich lebe.

Nomen kann man aus
- aus anderen Wortarten
- anderen Nomen
- zusammen mit einem anderen Nomen oder einer anderen Wortart bilden.

1. Verb → Nomen

Verbstamm ohne Endung → Ereignis / Sache:
besuch~~en~~ → der Besuch

„Unser Besuch ist da!"

Merke: Ein solches Nomen ist immer maskulin: **der** Besuch / **der** Versuch / ...

Infinitiv → Aktivität:
essen → das Essen

Das gemeinsame Essen macht allen Spaß.

Merke: Ein solches Nomen lässt sich von allen Verben bilden, die eine Aktivität ausdrücken, und ist immer neutral:
das Essen / **das** Lesen / ...

Verbstamm + **-er** → männliche Person/Sache:
verkauf~~en~~ → der Verkäuf**er**
lager~~n~~ → das Lag**er**

Herr Schmidt ist Verkäufer in einem Schuhgeschäft:
„Vielleicht haben wir Ihre Größe im Lager."

Verbstamm + **-ung** → Sache/Zustand:
wohn~~en~~ → die Wohn**ung**
heiz~~en~~ → die Heiz**ung**

Das ist die Wohnung der Familie Panahi.
Die Heizung funktioniert nicht.

(☞ Nomen (I): das Genus – *der*/*das*/*die*, Seite 7)

2. Nomen → Nomen

Land/Stadt + **-er** → männliche Person:
England → der Engländ**er**
Berlin → der Berlin**er**

Graham ist Engländer und Jochen ist Berliner.

männliche Person + **-in** → weibliche Person:
der **Engländer** → die Engländer**in**
der **Verkäufer** → die Verkäufer**in**

Frau Panahi arbeitet als Verkäuferin im Schuhgeschäft. Sie bedient eine Engländerin.

⚠ Deutschland ist das einzige Land, bei dem die Nationalität nicht vom Nomen gebildet wird (☞ Adjektiv/Partizip → Nomen, Seite 175)

3. Adjektiv/Partizip → Nomen

der/die + **Grundform des Adjektivs/Partizips** + *-e*:

verwandt → der/die Verwandt**e**

reisend → der/die Reisend**e**

jemand, der mit mir verwandt ist → **der/die Verwandte**

jemand, der reist → **der/die Reisende**

Merke: Die Endung ist die gleiche wie bei ‚normalen' Adjektiven.
Sie hängt also vom Kasus und vom Artikel ab, der davor steht:

	maskulin	feminin	Plural
Nominativ	der Reisende ein Reisender	die Reisende eine Reisende	die Reisenden Reisende
Akkusativ	den Reisenden einen Reisenden	die Reisende eine Reisende	die Reisenden Reisende
Dativ	dem Reisenden einem Reisenden	der Reisenden einer Reisenden	den Reisenden Reisenden
Genitiv	des Reisenden eines Reisenden	der Reisenden einer Reisenden	der Reisenden Reisender

Ebenso: *deutsch* → der Deutsche / ein Deutscher

Man erkennt diese Nomen daran, dass man sich wie bei einem Adjektiv dahinter „Mann“ oder „Frau“ oder „Personen“ denken kann.

(☞ Kasus im Satz, Seite 19)
(☞ Adjektive: beschreiben, wie etwas oder jemand ist, Seite 51)

4. Nomen/Adjektiv/Verb/Präposition + Nomen → Nomen

Nomen + Nomen → neues Nomen:
Das erste Nomen (Bestimmungswort) beschreibt das Nomen dahinter (Grundwort) genauer. Das Grundwort bestimmt

- Genus (der/das/die) und
- Numerus (Singular/Plural).

Nomen + Nomen mit gleichem Bestimmungswort

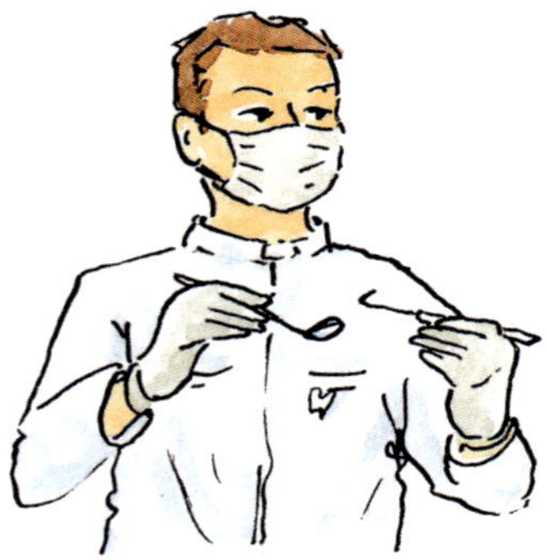

der Zahn + **der** Arzt
→ **der Zahnarzt**

der Zahn + **das** Weh
→ **das Zahnweh**

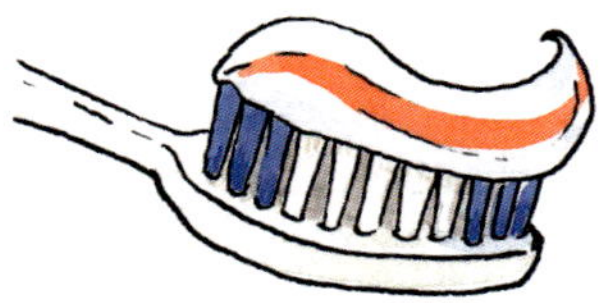

der Zahn + **die** Creme
→ **die Zahncreme**

Nomen + Nomen mit gleichem Grundwort

die Post + **die** Karte
→ **die Postkarte**

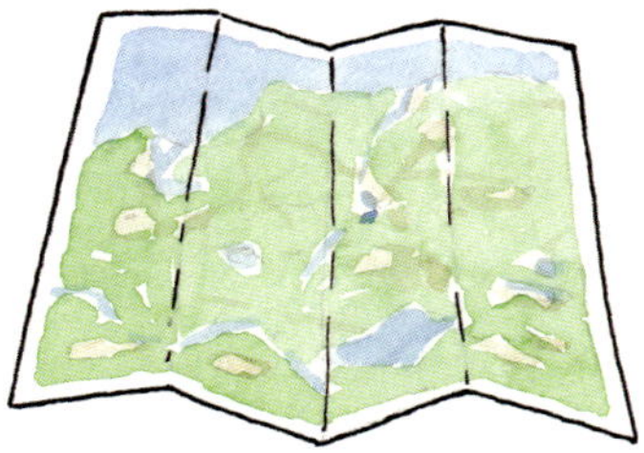

das Land + **die** Karte
→ **die Landkarte**

der Kredit + **die** Karte
→ **die Kreditkarte**

Das Bestimmungswort kann auch ein **Adjektiv**, **Verb** oder eine **Präposition** sein:

Adjektiv + **Nomen**

klein + **der** Wagen
→ **der Kleinwagen**

Verb + **Nomen**

ess~~en~~ + **das** Zimmer
→ **das Esszimmer**

Präposition + **Nomen**

neben + **die** Kosten
→ **die Nebenkosten**

Adjektive kann man bilden durch die Kombination

- eines Adjektivs mit einer Vorsilbe,
- eines Nomens mit einer Nachsilbe
- eines Verbs mit einer Nachsilbe,
- eines Adjektivs mit einem zweiten Adjektiv,
- eines Nomens mit einem Adjektiv.

1. Adjektiv + Vorsilbe

„Der ist sehr unfreundlich!"

-**un** + **Adjektiv** → Negation:
-**un** + **freundlich** → unfreundlich
= nicht freundlich

(☞ Adjektiv: beschreiben wie etwas oder jemand ist, Seite 51)
(☞ Negation: *nicht*, *nichts*, *niemand*, *kein* ..., Seite 156)

2. Nomen + Nachsilbe

Nomen + -**los** → Negation:
Arbeit + -**los** → arbeitslos
= ohne Arbeit

Vor einigen Jahren war Herr Weber zwei Monate arbeitslos.

(☞ Negation: *nicht*, *nichts*, *niemand*, *kein* ..., Seite 156)

3. Verb + Nachsilbe

Verbstamm + -**bar** → etwas ist möglich, man kann es tun:
erreich~~en~~ + -**bar** → erreichbar
= man kann jemand oder etwas erreichen

„Herr Wollters ist ab 16 Uhr wieder erreichbar."

4. Adjektiv + Adjektiv

Adjektiv + **Adjektiv**
→ zusammengesetztes Adjektiv:
hell + **blau** → hellblau

„Welche Bluse gefällt dir besser:
die hellblaue oder die dunkelblaue?"

5. Nomen + Adjektiv

Nomen + **Adjektiv**
→ zusammengesetztes Adjektiv:
Alkohol + **frei** → alkoholfrei

„Ich hätte gern ein Bier,
aber bitte alkoholfrei."